羽生結弦

アマチュア時代 全記録

CCCメディアハウス編

CCCメディアハウス

１９９４年12月7日。
後に「アイス・プリンス」として
世界を魅了する
希代のフィギュアスケーターが
宮城県仙台市に生まれ落ちた。

姉の影響で4歳からフィギュアスケートを始めた彼は、初めてスケート靴を履いた時から氷上ですっと立ち上がり、走ることができたという。幼い頃はやんちゃで、ハードな練習を投げ出しそうになりながらも「好きで始めたことに屈したくない」と自らリンクに立ち続けた。

２００４年に初めて全国大会に出場してから18年、オリンピック２連覇、男子初のスーパースラム（主要国際大会６冠）達成、前人未到の４回転半ジャンプへの挑戦など数々の偉業を成し遂げ、常にリンクの上で自身と戦ってきた。

彼が２０２２年7月19日にプロ転向の決意を宣言するまでの軌跡を、本書は当時の写真とニュース記事とともに振り返る。そこにあるのは、ひたむきにスケートと向き合い続けたアスリート「羽生結弦」の努力と成長のドラマだ。

本書の制作をご快諾いただいた株式会社ｔｅａｍ Ｓｉｒｉｕｓ様、ニュース原稿をご提供いただいた時事通信社様、写真をご提供いただいた山田真実様、イメージワークス・中村康一様、写真の掲載をご許可いただきました選手、関係者の皆さまに、心よりお礼を申し上げます。

羽生結弦 アマチュア時代 全記録 ――目次

2014

2020

2021

※本書は時事通信社の運営するJIJI.COM内「羽生結弦 年表」をもとに再編集したものです。
※記載されている個人の肩書き、所属先、競技の記録や建物名、団体名等の固有名は当時のものをそのまま掲載しています。
※文中の人物は全て敬称略としています。

2004~2010

公式戦大会記録

年	月	大会名	合計	SP	FS	開催地
2004	10	東北・北海道選手権（ノービスB）	1位	ー	1位	宮城
	10	全日本ノービス選手権（ノービスB）	1位	ー	1位	東京
	12	サンタクロース杯	1位	1位	1位	フィンランド・タンペレ
2005	3	アジアノービス選手権	4位	4位	ー	中国・香港
	10	東北・北海道選手権（ノービスB）	50.26（1位）	ー	50.26（1位）	北海道
	10	全日本ノービス選手権（ノービスB）	67.44（2位）	ー	67.44（2位）	埼玉
2006	10	全日本ノービス選手権（ノービスA）	71.03（3位）	ー	71.03（3位）	岡山
	11	全日本ジュニア選手権	128.96（7位）	38.80（18位）	90.16（4位）	広島
2007	3	北日本競技大会（ジュニア）	134.07（1位）	45.99（1位）	88.08（1位）	宮城
	4	ムラドスト杯（ノービス）	134.49（1位）	48.79（1位）	85.70（2位）	クロアチア・ザグレブ

年	月	大会名	合計	SP	FS	開催地
	10	東北・北海道選手権（ノービスA）	84.31（1位）	—	84.31（1位）	北海道
	10	全日本ノービス選手権（ノービスA）	103.87（1位）	—	103.87（1位）	青森
	11	宮城県中学校総合体育大会	1位	1位	—	宮城
	11	全日本ジュニア選手権	161.02（3位）	49.55（7位）	111.47（1位）	宮城
	12	東北中学校競技大会（中学男子A）	1位	1位	—	宮城
	12	東北競技選手権（少年男子A）	1位	—	1位	宮城
2008	2	全国中学校大会（男子Aクラス）	1位	1位	—	長野
	3	スケートコペンハーゲン（ノービス）	148.90（1位）	54.00（1位）	94.90（1位）	デンマーク・コペンハーゲン
	9	ジュニアGP メラーノ杯	146.68（5位）	51.06（6位）	95.62（4位）	イタリア・メラーノ
	10	東北・北海道選手権（ジュニア）	164.72（1位）	50.79（1位）	113.93（1位）	青森
	11	東日本ジュニア選手権	161.97（1位）	56.62（1位）	105.35（1位）	北海道
	11	全日本ジュニア選手権	182.17（1位）	57.25（4位）	124.92（1位）	愛知
	12	全日本選手権	181.65（8位）	64.50（8位）	117.15（5位）	長野
2009	2	全国中学校大会（男子Aクラス）	58.09（1位）	58.09（1位）	—	長野
	2	世界ジュニア選手権	161.77（12位）	58.18（11位）	103.59(13位)	ブルガリア・ソフィア
	3	北日本競技大会（シニアクラス男子）	187.92（1位）	62.40（1位）	125.52（1位）	岩手
	9	ジュニアGP トルン杯	198.65（1位）	66.77（1位）	131.88（1位）	ポーランド・トルン
	9	東北・北海道選手権（ジュニア）	189.52（1位）	65.75（1位）	123.77（1位）	青森
	10	ジュニアGP クロアチア杯	201.15（1位）	70.78（1位）	130.37（1位）	クロアチア・ザグレブ
	10	東日本ジュニア選手権	202.29（1位）	65.24（1位）	137.05（1位）	茨城
	11	全日本ジュニア選手権	194.15（1位）	76.00（1位）	118.15（2位）	神奈川
	12	ジュニアGPファイナル	206.77（1位）	69.85（3位）	136.92（1位）	東京
	12	全日本選手権	195.22（6位）	57.99（13位）	137.23（5位）	大阪
2010	1	全国中学校大会（男子Aクラス）	73.20（1位）	73.20（1位）	—	長野
	3	世界ジュニア選手権	216.10（1位）	68.75（3位）	147.35（1位）	オランダ・ハーグ
	10	GP NHK杯	207.72（4位）	69.31（5位）	138.41（4位）	愛知
	11	東日本選手権	240.72（1位）	77.25（1位）	163.47（1位）	青森
	11	GP ロシア杯	202.66（7位）	70.24（6位）	132.42（6位）	ロシア・モスクワ
	12	全日本選手権	220.06（4位）	78.94（2位）	141.12（4位）	長野

2004

全日本ノービスB　初出場で金メダル

全日本ノービス選手権で演技する羽生（2004年10月24日）

2004年10月23〜24日、第8回全日本ノービス選手権が東京都の明治神宮スケート場で行われた。Bクラス（9〜10歳）に出場した羽生結弦（KSC泉）は、コサック風の曲調が印象的な「ロシアより愛を込めて」を披露。見事優勝を果たした。

当時から羽生を撮影していたスポーツフォトグラファーの中村康一は、この大会を振り返って次のように述べている。

「2004年の全日本ノービスBクラス、初めて全国大会に出場した羽生結弦の演技だ。大会前から『今年はすごい選手が現れた』と関係者の間では評判を呼んでおり、私も大いに期待して東京、神宮のリンクにおもむいたことをよく覚えている。通常、男子選手が頭角を現すのは女子よりも遅く、ノービスAもしくはジュニア年代になることが多い。それを考えると、ノービスB初年度で大きな注目を集めた羽生結弦はやはり別格の存在だった」

9歳にして初の金メダル。本人も「絶対に勝てる」と思って臨んだという勝負強さはこの頃から持っていた。

1999年、4歳の羽生は仙台の泉DOSCアイスアリーナで最初のコーチ・山田真実からフィギュアスケートを習い始め、小学校2年生まで指導を受ける。2002年に都築章一郎と出会い、小学校3年生から師事。今大会の振付も都築コーチが担当した。

1.表彰台で金メダルと賞状を持つ羽生（2004年10月24日）　2.小学校低学年の羽生と最初のコーチである山田真実　3.都築章一郎と小学生の羽生

全日本ノービス選手権で演技する羽生（2005年10月30日）

2005

全日本ノービスBで2位

2005年10月29～30日に埼玉県川越市の東武川越スケートセンターで行われた第9回全日本ノービス選手権大会。昨年に続き「ロシアより愛を込めて」で出場した羽生結弦（勝山フィギュアクラブ）は、パーソナルベスト（参考記録）となる67・44点を記録したが、1位と10点近く差をつけられ優勝を逃し、2位となった。

全日本ジュニア選手権で演技する羽生（2006年11月26日）

2006

全日本ジュニア選手権に初出場

2006年11月25～26日に広島県広島市の広島ビッグウェーブで行われた第75回全日本ジュニア選手権に羽生結弦が出場。羽生にとって初のジュニアクラスの大会となった。

ショートプログラムで「アマゾニック／死の舞踏」を、フリーでは「リマー・ストーム」を披露。結果は7位だった。

1

2007

全日本ノービスAで優勝&ジュニア選手権で3位

2007年10月27〜28日に青森県八戸市の新井田インドアリンクで行われた第11回全日本ノービス選手権大会Aクラスで、羽生結弦（宮城FSC）が自己最高の103・87点で優勝した。

続く11月24〜25日の第76回全日本ジュニア選手権大会では、合計161・02点で異例の3位に輝く。ノービスの選手がジュニア選手権でメダルを獲得するのは日本男子史上初の快挙だ。

2大会ともストラビンスキーの力強くも優美な「火の鳥」を演じ、演技中にイナバウアーなどを取り入れたラインの美しい滑りを見せた。

ジュニア選手権のショートプログラムと、その後に行われた全日本のエキシビション「オールジャパン メダリスト・オン・アイス」では「シング・シング・シング」を披露。抜群のコントロールでスウィングジャズのリズムを刻み、観客たちを魅了していた。

1.全日本ジュニア選手権・フリーで演技する羽生（2007年11月25日、宮城・仙台市体育館）　2.全日本ノービス選手権での羽生（2007年10月27日）　3.全日本ジュニア選手権・ショートでの演技（2007年11月24日）　4.メダリスト・オン・アイスでの演技（2007年12月29日、大阪・なみはやドーム）

2008

全日本選手権で健闘

1

2

2008年12月25～27日、長野県長野市のビッグハットで行われた全日本選手権で、14歳の羽生結弦が初出場で堂々とした演技を見せた。

羽生は男子ショートプログラムで8位発進と健闘し、「初めてショートで60点台を出せた」と無邪気に喜んだ。翌日のフリーでも順位を保ち、総合8位に入った。

羽生は中学2年生になった2008年から本格的にジュニアの大会に参戦し、11月の全日本ジュニア選手権では3度目の出場で史上最年少の1位。「両親やコーチ、スケート環境を整えてくれた仙台市の人々のおかげ。仙台のリンクから、荒川（静香）選手に続きたい」と、次世代を担うにふさわしい成長ぶりを示している。

身長168センチで、体重50キロに満たないほっそりとした体型。柔軟性に富み、男子では珍しいビールマンスピンやイナバウアーもできる。手足の長さを最大限に生かした演技が持ち味だ。

表現力に優れたスケーターを目指す一方で、2008年からトリプルアクセル（3回転半）を演技構成に取り入れるなど、ジャンプのレベルアップにも余念がない。指導する阿部奈々美コーチは「見栄えがするし、観客の目を引き付ける才能がある」と大きな期待を掛ける。

2010年バンクーバー五輪には年齢制限で出場できない。目標はその次のソチ五輪。「もっと体力をつけて、五輪で優勝したい」と大きな夢を抱いている。

3

1.全日本選手権・男子ショートプログラムで演技する羽生（2008年12月25日）　2.全日本ジュニア選手権・男子ショートプログラムのリンクに立つ羽生（2008年11月23日、愛知・日本ガイシアリーナ）　3.全日本選手権・男子フリーでの羽生（2008年12月26日）　4.全日本選手権後のメダリスト・オン・アイスでの演技（2008年12月28日）

2009

各種大会で優勝を総なめ　男子史上最年少記録も

1

2

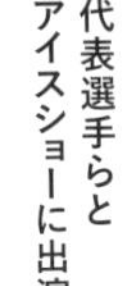

代表選手らと
アイスショーに出演

2009年6月19日、日本代表エキシビション「ドリーム・オン・アイス」が新横浜スケートセンターで開幕。バンクーバー五輪で活躍が期待される有力選手らとともに、全日本ジュニア選手権王者の羽生結弦も出演した。

ジュニアGPシリーズ初優勝

9月12日、ジュニア・グランプリシリーズ第3戦トルン大会が行われ、前日の男子ショートプログラム首位の羽生結弦が、フリーでも1位となり、合計198・65点でジュニア・グランプリシリーズ初優勝を果たした。

1.ドリーム・オン・アイスで演技する羽生結弦（2009年6月19日） 2.全日本ジュニア選手権・男子フリーで演技する羽生（2009年11月23日） 3.ジュニア・グランプリファイナルで優勝し、観客の声援に応える羽生 4.同大会の表彰台に立ち、金メダルを持つ羽生（3.4.ともに2009年12月4日、東京・国立代々木競技場）

ジュニアGPシリーズ2勝目

10月7〜11日、ジュニア・グランプリシリーズ第6戦のクロアチア大会が行われ、男子ショートプログラム首位の羽生結弦がフリーでも1位となり、合計201・15点でジュニア・グランプリシリーズ2勝目を挙げた。

全日本ジュニア選手権で連覇

11月21〜23日、第78回全日本ジュニア選手権が新横浜スケートセンターで行われ、ショートプログラム1位、フリー2位の羽生が、合計194・15点で1位となった。昨年に続き2年連続での優勝となる。

ジュニアGPファイナル優勝

12月4日、ジュニア・グランプリシリーズ成績上位者で争うジュニア・グランプリファイナルの男子フリーが行われ、ショートプログラム3位の羽生結弦がフリー1位となり、合計206・77点で逆転優勝を果たした。

日本男子の優勝は、2005年の小塚崇彦（トヨタ自動車）以来2人目。男子史上最年少の14歳での総合優勝となった。

2010

グランプリシリーズNHK杯でシニアデビュー

1&2.全日本シニア強化合宿で練習に励む羽生結弦（2010年8月8日、愛知・豊田市の中京大アイスアリーナ） 3.世界ジュニア選手権男子で優勝。帰国しVサインする羽生（2010年3月15日、千葉・成田空港）

世界ジュニア選手権で優勝

2010年3月15日、オランダ・ハーグで開催された世界ジュニア選手権・男子で優勝した羽生結弦（宮城FSC）が帰国した。成田空港で取材に応じた羽生は、「一生懸命頑張って今回のような最高の演技をして、4年後のソチ五輪に出たい」と語った。

日本に到着し、やっと実感が湧いてきたという羽生は、「自分のベストを出せたのが良かった」と振り返った。

バンクーバー五輪での高橋大輔（関大大学院）の銅メダル獲得が刺激になったと言い、「（五輪での）メダル獲得のために、4回転ジャンプ（への挑戦）を将来的に考えていきたい」と話した。

アイスショーで今後への期待高まる演技

4月3日、愛知・日本ガイシアリーナで行われた第7回名古

グランプリシリーズ開幕に向けた記者会見での羽生結弦（2010年10月3日、東京・六本木）

屋フィギュアスケートフェスティバルに、3月の世界ジュニア選手権で注目を集めた羽生結弦が出演。U2の楽曲「ヴァーティゴ」をエキシビションナンバーとして初披露し、会場を魅了した。シニアデビューを目前に今後の活躍を期待させる存在感を示していた。

フィギュアの特別強化選手に

5月24日、日本スケート連盟は理事会で来期のフィギュアスケート強化指定選手を決め、最高ランクの「特別強化選手」に、3月の世界ジュニア選手権で優勝した男子の羽生結弦（宮城・東北高）ほか男女計10人が指定された。

6月19日、2009年度の日本オリンピック委員会（JOC）スポーツ賞の表彰式が東京都内で行われ、新人賞を受賞したフィギュアスケート男子の羽生結弦らが出席した。

3月の世界ジュニア選手権で優勝した羽生は来季はシニアのグランプリシリーズに参戦する意向。「ソチ五輪で優勝するためには、シニアの大会に出て慣れておいた方がいい」と意欲を語った。

10月3日、グランプリシリーズ開幕を控え、出場する主な日本選手が東京都内で記者会見した。昨季の世界ジュニア選手権を制した男子の羽生もシニア初戦としてNHK杯に挑む。

グランプリシリーズはNHK杯（名古屋）でスタートし、全6戦。各上位6人（組）がファイナル（12月、北京）に進む。NHK杯が同シリーズの第1戦として行われるのは初めて。

シニアデビューのNHK杯で4位

10月23日、グランプリシリーズ第1戦、NHK杯第2日が名古屋市の日本ガイシアリーナで行われ、男子ショートプログラムで昨季の世界ジュニア選手権を制した羽生結弦が69・31点で5位につけた。

羽生は「思った以上に緊張した部分があったが、ジャンプはうまくいった。自分の演技に集中した。（出来は）70％くらい。フリーで挽回したい」と話した。

24日のNHK杯最終日、15歳の羽生はフリーで4位となり、ショートプログラムから一つ順

2

1

3

1&2.NHK杯·男子ショートプログラムで5位となった羽生結弦（2010年10月23日）
3.NHK杯·男子フリーで4位に入った羽生（2010年10月24日）

5

6

4

4&5.ロシア杯・男子ショートプログラムで演技する羽生（2010年11月19日）
6.ロシア杯・男子フリーで演技する羽生（2010年11月20日）

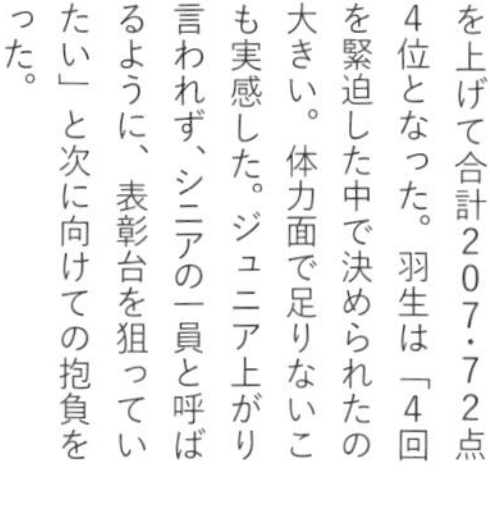

位を上げて合計207・72点で4位となった。羽生は「4回転を緊迫した中で決められたのは大きい。体力面で足りないことも実感した。ジュニア上がりと言われず、シニアの一員と呼ばれるように、表彰台を狙っていきたい」と次に向けての抱負を語った。

11月7日、東日本選手権最終日が青森県八戸市の新井田インドアリンクで行われ、男子はNHK杯4位の羽生が、合計240・72点で制した。

ロシア杯で7位

11月19日、グランプリシリーズ第5戦、ロシア杯がロシア・モスクワで開幕。男子ショートプログラムで、NHK杯4位の羽生結弦が自己ベストを更新する70・24点を出し、6位につけた。

羽生は「点数を取れているということで評価されている。うれしい。トリプルアクセルはベストではなかったし、改善の余地はある。フリーでは4回転を絶対に決めたい」と語った。

20日のロシア杯最終日、男子フリーはショートプログラム6位の羽生が132・42点にとどまり、合計202・66点で7位だった。ジャンプの1要素が規定違反で0点になるなど得点を伸ばせなかった。

羽生は「絶対に4回転にしたい思いがあったが、空中に入る前に力が入り過ぎた。決まらなかったのはショック。周りのレベルの高さを感じた。順位にこだわり過ぎた」と話した。

1.全日本選手権・男子ショートで演技する羽生結弦（2010年12月24日） 2.全日本選手権でフリーの演技を終えた羽生（2010年12月25日） 3.全日本選手権・エキシビションで演技を披露する羽生（2010年12月27日）

全日本選手権で4位

12月24日、全日本選手権が、世界選手権（2011年3月・東京）の代表最終選考会を兼ねて長野市のビッグハットで開幕。男子ショートプログラムは16歳の羽生結弦が78・94点で2位となった。

翌25日、全日本選手権第2日フリーの演技を終え、小塚崇彦が初優勝。ショートプログラム2位の羽生は4位だった。

羽生は「自分の持っている力を出せなかったのが悔しい。順位は気にしていなかったが、力みが出てしまった。4回転が3回転になってしまった。ショートは自信になった」と語った。

公式戦大会記録

月	大会名	合計	SP	FS	開催地
2	四大陸選手権	228.01（2位）	76.43（3位）	151.58（3位）	台湾・台北
9	ネーベルホルン杯	226.26（1位）	75.26（1位）	151.00（1位）	ドイツ・オーベルストドルフ
10	東北・北海道選手権	238.83（1位）	88.06（1位）	150.77（1位）	青森
11	GP 中国杯	226.53（4位）	81.37（2位）	145.16（4位）	中国・上海
11	GP ロシア杯	241.66（1位）	82.78（2位）	158.88（2位）	ロシア・モスクワ
12	GPファイナル	245.82（4位）	79.33（4位）	166.49（3位）	カナダ・ケベックシティー
12	全日本選手権	241.91（3位）	74.32（4位）	167.59（1位）	大阪

2011

四大陸選手権で2位

1.四大陸選手権・男子ショートプログラムで演技する羽生結弦（2011年2月18日） 2.男子フリーでの演技（2011年2月19日） 3.エキシビションで演技する羽生（2011年2月20日）

1

3

2

2月18日、台湾・台北で開催されている四大陸選手権第2日には男子ショートプログラムが行われ、16歳の羽生結弦（宮城・東北高）が自己最高の76・43点で3位につけた。

「シーズン最後なので、やってきたことを発揮できるようにした。海外の試合でこれだけ高得点を取れたことは自信になる」と羽生は語る。

19日の第3日には男子フリーが行われ、羽生は3位。ショートプログラム3位から順位を上げて2位となり、初出場の四大陸選手権でシニア国際大会の表彰台に初めて上った。

「ジャンプの調子が良くなかったので、一つ一つ丁寧に演技することを意識した。最後は疲れて、少し苦しくなってしまった」と羽生は試合を振り返った。

2011

ネーベルホルン杯で優勝

上下：ネーベルホルン杯の男子フリーで演技する羽生。ショートプログラムに続いて1位となり優勝した（ともに2011年9月23日）

9月23日、ドイツ・オーベルストドルフでネーベルホルン杯の男子フリーが行われ、羽生結弦がショートプログラムに続いて1位となり、合計得点226・26点で見事優勝。

3月に東日本大震災に遭った16歳が、苦難を乗り越え、シニア2年目の飛躍を期す。

ネーベルホルン杯は本格的なシーズンに入る前の大会。4回転ジャンプの着氷が乱れるなど課題もあったが、ショートプログラム、フリーとも1位で自己ベストに近い合計点で快勝した。

今季のフリーに選んだ曲は、有名な「ロミオ+ジュリエット」。「（他人と）かぶってしまうかもしれないが、『結弦とジュリエット』になるくらい、自分の作品にしたい」

グランプリシリーズは第3戦の中国杯（11月）が初戦となる。

M E M O

シニア1年目の昨季から着実に成長。2月の四大陸選手権では2位に入った。だが、3月11日に仙台市内で練習中に東日本大震災が発生し、被災。避難所生活も送り、練習再開は10日後だった。

損傷の激しい練習リンクを離れ、青森県八戸市で新プログラムの振付を行い、アイスショーで各地を転々としながら今季への準備を続けた。

震災の影響で仙台のリンクが7月下旬まで営業停止に。その間はアイスショーの会場に早めに入り、少しでも滑り込もうと努めた。「疲れて体が動かなくなった。だけど、人間やれば何とかなる」。

まだまだ少年の面持ちだが、試練を経験し一回りたくましくなった。

2011

中国杯で4位

上:中国杯の男子ショートプログラムで演技する羽生結弦。自己最高の81.37点で2位につけた(2011年11月4日) 下:中国杯・男子フリーでの演技(2011年11月5日)

11月4日、グランプリシリーズ第3戦中国杯が中国・上海で開幕。男子ショートプログラムでは、羽生結弦が自己最高となる81・37点で2位につけた。

羽生は4回転ジャンプを成功させるなど、上々の演技を見せた。

翌5日、中国杯最終日には各種目のフリーが行われた。羽生は合計226・53点で4位に入った。

初の表彰台を逃した羽生だったが、翌日、現地で取材に応じ、「一つ一つの要素に集中し切れなかった」と反省した上で、次のように前向きに語った。「去年のNHK杯は会心の演技で4位。今年はボロボロで4位。表彰台とも小差だったので、だいぶ評価はいただけるようになった」。

2011

ロシア杯で優勝――グランプリシリーズ初制覇

上下：ロシア杯・男子ショートプログラムで演技する羽生結弦（2011年11月25日）

11月25日、ロシア・モスクワで行われたグランプリシリーズ第6戦ロシア杯の男子ショートプログラムで、16歳の羽生結弦が首位にわずか0・76点差の2位と好スタートを切った。

冒頭の4回転トーループで両手をついたが、そこからが成長の証しだった。高難度ジャンプのミスは体と気持ちの双方で負担を強いられるが、「失敗は考えず、次のことを考えた」。3種類のスピンに加え、終盤のステップで初めて最高難度のレベル4。クラシックの曲に乗せた演技はぶれなかった。

芸術性を示す演技構成点で7点台後半の高得点をほぼそろえた。この採点にはジャッジの主観も反映される余地があるため、シニア2年目で顔が売れたことでの上積みは見込めるにせよ、合計点はシニアの国際大会で自身最高。「狙った点数に近かった」と喜んだ。

逆転でグランプリ初制覇とな

1.男子フリーで演技する羽生。逆転で初優勝を果たした（2011年11月26日）
2&3.エキシビションで演技する羽生（2011年11月27日）

れば、自動的にファイナルへの初進出も叶う。「気を抜かず、4回転もイメージトレーニングで確認する」。大技も決めて二つの「初」を引き寄せたい。

11月26日、男女フリーが行われ、羽生はショートプログラム2位から逆転優勝。グランプリシリーズ初勝利となった。

3月11日に起きた東日本大震災で被災。困難を乗り越え、逆境をバネにしてつかんだ栄冠だ。「16年しか生きていない。自分の人生は短いと思った」。地震発生時、羽生はそう悟ったという。

当日は学校が休み。本拠地のアイスリンク仙台で練習中だった。そこへ突然の大きな揺れ。リンクの氷は波打ち、立っていられなかった。自宅も被害を受け、家族と避難所で数日を過ごした。

11月27日、グランプリシリーズ第6戦ロシア杯の上位選手らによるエキシビションが行われた。グランプリ初制覇を果たした羽生も、恋愛をテーマにした曲をポップ調で元気よく踊った。

この日会見した羽生は、「フリーの後半で頑張れたことに達成感がある。集中して滑り切れたのが大きな勝因だった」と充実感をにじませた。

MEMO

死の恐怖すら覚えた出来事は、考え方や価値観に変化を与えたという。「あって当然と思っていたものが、そうじゃないと思えるようになった」「一つ一つを大事にするようになった」と羽生は語る。

競技への取り組み方にも影響した。損傷した拠点のリンクが4カ月以上閉鎖に。各地を転々としながら震災チャリティーのアイスショーに約60回出演した。練習時間をつくるために会場に早めに入り、ショーでは試合のように熱演。一瞬たりともおろそかにしない──。その姿勢が身につき、初優勝の滑りにつながった。

震災直後はスケートをすること自体に迷いもあったというが、「元気に滑るところを見てもらい、少しでも力になれたら」とも語る。たくましさを増した思いは、故郷にしっかりと伝わったはずだ。

公式戦大会記録

月	大会名	合計	SP	FS	開催地
3	世界選手権	251.06（3位）	77.07（7位）	173.99（2位）	フランス・ニース
10	フィンランディア杯	248.13（1位）	75.57（2位）	172.56（1位）	フィンランド・エスポー
10	GP スケートアメリカ	243.74（2位）	95.07（1位）	148.67（3位）	アメリカ・ケント
11	GP NHK杯	261.03（1位）	95.32（1位）	165.71（1位）	宮城
12	GPファイナル	264.29（2位）	87.17（3位）	177.12（2位）	ロシア・ソチ
12	全日本選手権	285.23（1位）	97.68（1位）	187.55（2位）	北海道

1

2012

初出場の世界選手権で3位

3月28日、世界選手権に出場する男子の日本勢が、試合に向けて公式練習で調整した。

初出場の17歳、羽生結弦（宮城・東北高）は尻上がりに調子を上げ、午後の練習では4回転トーループを3度着氷。「ジャンプ以外でも得点を伸ばすことを心掛けて、完成度を重視し、スケーティングを強化した」と羽生は自信を深めている。

30日、世界選手権第5日には男子ショートプログラムが行われた。世界選手権初出場の羽生は、77・07点で7位につけた。

31日には男子フリーが行われ、羽生が173・99点をマークし、2位。ショートとフリーの合計251・06点で3位に入った。

今大会を制したのは、カナダのパトリック・チャン。世界選手権連覇を果たした。

日本男子は髙橋大輔（関東大大学院）の銀メダル、羽生の銅メダルで、同一大会で初めてのメダル複数獲得となった。

1.世界選手権の公式練習で汗を流す羽生結弦（2012年3月28日、フランス・ニース） 2.世界選手権・男子ショートプログラムでの演技（2012年3月30日） 3&4.世界選手権・男子フリーでの演技（2012年3月31日）

羽生は17歳で経験した大舞台、初めての世界選手権について、「メダルの実感はないが、一番大きな試合でやり切れたことにほっとした」と振り返った。

4月1日、世界選手権の上位選手らによるエキシビションが行われ、羽生らが大会を締めくくる祭典を華やかに盛り上げた。

羽生は「白鳥の湖」をしなやかに、力強く演じた。昨年3月の東日本大震災で被災後、再び立ったリンクで最初に滑った時の曲。「乗り越えられたという思いを重ねて」選んだ。苦しい時に支えてくれた人たちへの感謝を、スケートで笑顔とともに伝えた。

1.銅メダルに輝いた羽生　2.世界選手権・表彰台に向かう途中で観客の声援に応える羽生（1.2.ともに2012年3月31日）　3.世界選手権のエキシビションでの演技（2012年4月1日）

2012

スケートアメリカで2位

上:スケートアメリカ・男子ショートプログラムで演技する羽生結弦(2012年10月19日、アメリカ・ワシントン州ケント)
下:スケートアメリカ・男子の表彰式を終えた羽生(2012年10月20日)

10月19日、グランプリシリーズ第1戦であるスケートアメリカでは、男子ショートプログラムに羽生結弦が登場。世界歴代最高の95・07点をマークし、首位に立った。羽生は冒頭で4回転ジャンプを決めるなど、ほぼ完璧な演技を見せた。

翌20日、男子フリーが行われ、ショート首位の羽生は合計243・74点で2位。「6分間練習からすでに集中していなくて、ジャンプにも集中できなかった。ショートプログラムが良かったからこそ、フリーもしっかりやるという気持ちを次から持たなければいけない」と羽生は振り返った。

スケートアメリカ・男子フリーで演技
する羽生(2012年10月20日)

2012

NHK杯で初優勝

1.NHK杯・男子ショートプログラム開始直前、演技のイメージをする羽生結弦　2&3.NHK杯・男子ショートでの演技（いずれも2012年11月23日）

11月23日、グランプリシリーズ第6戦NHK杯が、宮城県利府町のセキスイハイムスーパーアリーナで開幕。男子ショートプログラムで17歳の羽生結弦が世界歴代最高点を更新し、首位に立った。

羽生は4回転など3種類のジャンプを決め、10月のスケートアメリカでマークした自身の世界歴代最高点を0・25点更新する95・32点を記録した。

自らの記録を更新した羽生は「世界歴代最高点を出せたのがうれしい。何より、前の大会と同じような演技ができたことに喜びを感じる。練習の成果が表れた。アリーもしっかり演技したい」と語った。

2 　1

3

1.NHK杯・男子フリーでの演技　2.フリーでの演技後、苦笑いする羽生（1.2.ともに2012年11月24日）　3.ショートでの演技を終え、笑顔を見せる羽生とコーチのブライアン・オーサー（2012年11月23日）

翌24日、NHK杯第2日には男女フリーなどが行われ、男子は羽生がフリーでも1位に。自己ベストの合計261・03点で初優勝した。グランプリシリーズでは、昨季のロシア杯以来の2勝目。

これにより羽生のグランプリファイナル進出が確定した。

翌25日の競技終了後には、成績上位選手によるエキシビションが行われた。初優勝を飾った羽生は、情感を込めた滑りで地元ファンを魅了した。

記者会見では、「（前夜は）興奮して寝られなかった」と地元開催での初優勝を振り返り、安堵感を漂わせた。ソチ五輪会場で行われるグランプリファイナルには、日本男子だけで過去最多の4人が出場。17歳の羽生には筆頭格の期待もかかり、「表彰台にしっかり乗りたい」と意気込んだ。

上下：NHK杯・エキシビションで演技する羽生（2012年11月25日）

2012

グランプリファイナルで2位

上:グランプリファイナル・男子フリーで演技を終え、声援に応える羽生結弦(2012年12月8日)　下:グランプリファイナル・公式練習で氷の感触を確かめる羽生(2012年12月5日)

12月7日にグランプリファイナルが、2014年冬季五輪が開催される予定のロシア・ソチの会場で開幕した。

過去最多となる日本勢4人が出場した男子のショートプログラムでは、髙橋大輔が首位に立ち、カナダのパトリック・チャンは2位、この日に18歳の誕生日を迎えた羽生結弦は、87・17点で3位につけた。

翌8日、グランプリファイナル最終日には男女のフリーが行われた。

ショート3位の羽生は、合計264・29点で順位を上げ、2位と健闘。総合得点でも首位をキープした髙橋が優勝し、3連覇を狙ったパトリック・チャンは3位に終わった。

グランプリファイナル・男子ショートでの演技を終え、笑顔を見せる羽生(2012年12月7日)

2012

全日本選手権で初優勝 ―― 新たなエースとして

全日本選手権・男子フリーで演技する羽生結弦（2012年12月22日）

12月21日、全日本選手権第1日が、札幌市の真駒内セキスイハイムアイスアリーナで行われた。同選手権は、2014年ソチ五輪の国・地域別出場枠が懸かる13年3月の世界選手権（カナダ・ロンドン）の代表選考を兼ねる。男子のショートプログラムで18歳の羽生結弦が首位に立った。

羽生の得点は97・68点。11月のNHK杯で自身が出した国際大会世界歴代最高を上回った。

翌22日の第2日には男子フリーが行われ、羽生が187・55点で2位に。ショートとフリーの合計285・23点で全日本選手権初優勝を果たした。

今大会の点数で、国内参考記録ながら羽生はフリー、合計とも国際大会の自己最高点を更新。

演技終了後の表彰式では、自然と喜びがあふれた。羽生はぴょんと跳びはねて表彰台に上がり、「興奮してジャンプして上がった」と無邪気さをのぞかせたが、たくましく重圧に打ち勝った。全日本の新王者、羽生が誕生した。

フリーでは2位だったことについて、「先輩方を実力で抜いたという実感はない。力をつけて、胸を張って表彰台の真ん中に立てるようにしたい」と語る。かつてないハイレベルの激戦を制した18歳が、新たなエースとして日本を引っ張っていく。

24日、全日本選手権の上位選手によるエキシビションが同会場で行われた。男子で初優勝の羽生、女子で6度目の優勝を果たした浅田真央（中京大）らが華麗な演技を披露した。羽生はシンガーソングライターの指田郁也が生で歌う「花になれ」をバックに、しなやかに氷上を舞った。

全日本選手権が終了し、13年3月の世界選手権の代表選手が決まった。世界選手権は2014年ソチ五輪の国・地域別出場枠を懸けた戦いにもなり、選手たちは重責を担う。

1.全日本選手権のエキシビションでの演技（2012年12月24日） 2.ショートの演技を終え、笑顔を見せる羽生（2012年12月21日） 3.全日本選手権の金メダルを手に笑顔を見せる初優勝の羽生（2012年12月22日）

男子は激戦を象徴する顔ぶれ。羽生、高橋大輔に続く3人目に、全日本3位に入った無良崇人（中京大）が選ばれ、5年連続で出場していた小塚崇彦（トヨタ自動車）は落選した。

| M | E | M | O |

ソチ五輪の最大出場枠は「3」。世界選手権上位2人の順位の合計が13以下ならフルで獲得できる。

グランプリファイナルでは髙橋大輔が優勝、羽生結弦が2位に入っており、高いハードルではないが、日本スケート連盟の伊東秀仁フィギュア委員長は「世界は日本に対していろんなプレッシャーを掛けてくる」と気を引き締めた。

全日本選手権・男子ショートで演技する羽生

2013

公式戦大会記録

月	大会名	合計	SP	FS	開催地
2	四大陸選手権	246.38（2位）	87.65（1位）	158.73（3位）	大阪
3	世界選手権	244.99（4位）	75.94（9位）	169.05（3位）	カナダ・ロンドン
10	フィンランディア杯	265.59（1位）	84.66（1位）	180.93（1位）	フィンランド・エスポー
10	GP スケートカナダ	234.80（2位）	80.40（3位）	154.40（2位）	カナダ・セントジョン
11	GP フランス杯	263.59（2位）	95.37（2位）	168.22（2位）	フランス・パリ
12	GPファイナル	293.25（1位）	99.84（1位）	193.41（1位）	福岡
12	全日本選手権	297.80（1位）	103.10（1位）	194.70（1位）	埼玉

2013

四大陸選手権で2位

上:四大陸選手権・男子ショートプログラムで演技する羽生結弦（2013年2月8日） 下:男子フリーでの演技（2013年2月9日）

ヨーロッパ以外の国や地域で行われる四大陸選手権。2013年の開催国となったのは日本だ。

2月8日、大阪市の中央体育館で開幕し、第1日の男子ショートプログラムでは、羽生結弦（宮城・東北高）が87・65点で首位に立った。ジャンプのミスを最小限にとどめて、得点を伸ばした。

翌9日、第2日に行われた男子フリーでは、ショート首位の羽生が3位となった。ショート、フリーの合計得点は246・38点。順位を落として、総合2位で四大陸選手権を終えた。

羽生に勝利したのは、ショートで6位だったカナダのケビン・レイノルズ。彼にとって、初めての優勝となった。

試合の翌々日となる11日、羽生は大阪市内で取材に応じ、「次に向かって頑張る、という気持ちが芽生えた」と語った。

2013

世界選手権で五輪枠「3」確保

上：世界選手権・男子フリーで演技する羽生結弦　下：男子フリーでの演技を終え、観客の声援に応える羽生（ともに2013年3月15日、カナダ・ロンドン）

3月13日、世界選手権の男子ショートプログラムが行われ、羽生結弦は9位。ソチ五輪の国・地域別出場枠が懸かるが、最大3枠を確保するには正念場となった。

羽生は2月にインフルエンザで体調を崩し、左膝を痛めていたことが判明。万全の状態でないのは、ショートプログラムの滑りでも明らかだった。

五輪出場枠を三つ得るには、3人出場の日本は上位2人の順位の合計が13以内になることが必要。ショートプログラム終了時で高橋大輔（関大大学院）と羽生でちょうど「13」。これ以上順位を下げると2枠以下となる。

15日、世界選手権第3日には、男子フリーが行われた。ショートで9位と出遅れた羽生は、フリー3位で追い上げたが、合計244・99点で総合4位にとどまり、2大会連続のメダル獲得はならなかった。

日本男子は4大会ぶりにメダ

1.世界選手権・男子ショートでジャンプに失敗した羽生（2013年3月13日）　2&3.世界選手権での練習の様子（2013年3月11日、12日）

ルなしに終わった。しかし、上位2選手（羽生・髙橋）の順位の合計が13以内となり、ソチ五輪の国・地域別出場枠で最大3枠を確保した。

　ショート首位のパトリック・チャンは、フリーでは2位ながら、総合得点でも首位をキープし、3年連続3度目の優勝。3連覇は1998〜2000年の、ロシアのアレクセイ・ヤグディン以来の快挙だ。

　もともと体力面に課題があるとされる羽生。昨季終盤にも右足首を痛めた。「けがをしない、基礎的な体力をつけないといけない」と反省した。

MEMO

　羽生結弦は四大陸選手権後にインフルエンザにかかり、さらに左膝を負傷。ほとんど練習ができないまま大会を迎え、ショートで9位と苦戦した。

　フリーでは鬼気迫る演技で巻き返したが、コーチのオーサーは「状態が良ければ表彰台に上がれた」と残念がった。

2013

全日本空輸（ANA）と所属契約

ANAと所属契約を結んだ羽生結弦（2013年7月1日）

7月1日、羽生結弦が全日本空輸（ANA）と所属契約を結んだことが発表された。

羽生は現在、カナダのトロントに練習拠点を置いており、海外渡航などで全面的に支援を受ける。

横浜市内で記者会見した羽生は、「空港や機内で安心して落ち着ける環境は、直接競技にも関わる重要なこと。ご支援をうれしく思うし、責任も持っていかないといけない」と報道陣の前で抱負を語った。

羽生は今春、宮城・東北高を卒業し早稲田大学に進学したが、所属先は決まっていなかった。ANAに所属するトップ選手は、同じ仙台出身の女子卓球選手、福原愛に次いで2人目となる。

「同じ仙台市の選手でご縁がある。僕も五輪のメダリストを目指して頑張りたい」と羽生は気持ちを新たにしていた。

1

2013

スケートカナダで2位「ものすごく悔しい」

10月25日、グランプリシリーズ第2戦スケートカナダで、羽生結弦は男子ショートプログラムで精彩を欠き、80・40点で3位にとどまった。

「空回りしていた」と羽生自身が振り返ったように、演技に集中しきれていないように見えた。練習では安定していた冒頭の4回転トーループは、認定こそされたが着氷で大きくバランスを崩した。3回転半は鮮やかに決めたが、連続3回転の一つ目のルッツが1回転に。跳んだ瞬間にわかるほど、タイミングが合っていなかった。

ショートで演じる「パリの散歩道」は昨季、世界歴代最高点を2度更新した得意のプログラムだ。基本的な構成は変えず、振付などを洗練させた。しかし、同じ演目で成長の跡を見せることはできず、自己ベストに15点近く及ばなかった。

気負った要因として考えられるのは、直前で滑走した世界王者パトリック・チャンの存在だ

1.スケートカナダ・男子フリーで演技する羽生結弦（2013年10月26日、カナダ・セントジョン）　2.男子ショートで演技する羽生　3.演技を終え、さえない表情を見せる　4.ショートの演技を終え、厳しい表情で得点を見る羽生（2~4.いずれも2013年10月25日）　5.フリーでの演技を終え、苦笑い（2013年10月26日）

ろう。

「演技も見ていないし、得点もわからなかった」と羽生は話すが、「意識しない方が変」と気持ちの高ぶりも認めていた。

もともと、羽生はフリーで巻き返すタイプ。「フリーにこの悔しさを持っていき、悔しさを晴らせるようにしたい」。そう話す18歳。持ち味である強い精神力が試される。

26日にはスケートカナダ最終日が行われた。羽生はフリーでは151・40点で2位となり、合計214・80点、総合2位で今大会を終えた。

世界選手権3連覇中のパトリック・チャンはフリーでも1位で、202・03点で圧勝した。

羽生は大会後、「ものすごく悔しいが、（気持ちは）前に向かっている」と奮起を誓った。

2013

フランス杯で2位

フランス杯・男子フリーでの演技（2013年11月16日）

11月15日、グランプリシリーズ第5戦フランス杯の第1日がパリで行われた。男子ショートでは、羽生結弦が自己ベストを0・05点更新する95・37点をマークして2位につけた。

翌16日、フランス杯最終日で羽生は男子フリーで2位となり、合計263・59点で総合2位に入った。これで、シリーズ成績上位6人で争うグランプリファイナル（12月・福岡）進出を決めた。

羽生は冒頭で2種類の4回転ジャンプを失敗したが、その後は持ち直した。

優勝は、カナダのパトリック・チャン。ショートとフリーと合計点、その全てで世界歴代最高点を更新しての優勝だった。

17日、大会を振り返って羽生は、「演技の反省点は多い。ファイナルへ向けてもう少し上げたい」と語り、悔しさを表した。

今回、世界王者パトリック・チャンには、合計30点以上の差をつけられた。

上:フランス杯・エキシビションで演技する羽生結弦(2013年11月17日) 下:男子ショートでの演技(2013年11月15日)

「あのスケーティングで、ジャンプも全部決められたら勝つすべがない。脱帽というより雲の上の存在」と羽生はチャンに敬意を表しつつ、「燃えている部分もある」と対抗心をのぞかせた。

次はソチ五輪代表選考が懸かるファイナル、そして、全日本選手権が控えている。

「今はまだピークじゃない。得点源の4回転をしっかり決めたい」と語る羽生。フリーで失敗した2種類の4回転ジャンプを最優先の課題に挙げた。

2013

グランプリファイナル初優勝

グランプリファイナル・男子ショートで演技する羽生結弦（2013年12月5日）

12月5日、グランプリシリーズ上位6人によるグランプリファイナルが、マリンメッセ福岡で開幕した。

男子ショートプログラムでは、前回総合2位の羽生結弦が世界歴代最高の99・84点で首位に立った。

これは11月のフランス杯で、パトリック・チャンがマークした世界歴代最高点を1・32点上回る数字だ。

羽生は3種類のジャンプを全て成功させ、4回転トーループだけで、出来栄え点（GOE）も含めた13・01点を稼いだ。技術要素にマイナス評価はなく、表現力を示す演技構成点でも5項目中4つで9点台を出し、フランス杯で記録した自己ベストを更新した。

試合後に羽生は、ショートで世界歴代最高点をマークしたことに対する喜びを、次のように語った。「自分に集中し、一つ一つの要素、一つ一つのつなぎも、今日は本当によくできた。今日できたことを素直に喜びたい。得点は実感がない。明日のフリーでも自分のやるべきことをしっかりやりたい」

翌6日、グランプリファイナル第2日には男子フリーが行われた。羽生はフリーでも193・41点で1位となり、合計で293・25点を記録し、グランプリファイナル初優勝を果たした。ショート、フリーともに自己ベストを更新し、世界歴代2位の高得点となった。

8日、グランプリファイナルに出場した日本選手が、福岡市内で報道陣の取材に応じた。男子のソチ五輪代表争いをリードした羽生は「内容的に納得し切れた最高の演技ではなかった。ここからスタートするという気持ちを忘れないようにしたい」とさらなる成長を誓った。

1.ショートでジャンプを決めた羽生と喜ぶコーチのブライアン・オーサー（2013年12月5日）　2.グランプリファイナル男子で優勝した羽生のフリーでの演技（2013年12月6日）　3.グランプリファイナル・世界歴代最高点に喜ぶ羽生とオーサー（2013年12月5日）　4.エキシビションで演技する羽生（2013年12月8日）

グランプリファイナル・フリーでの演技を終え、はにかんだ様子の羽生（2013年12月6日）

2013

全日本選手権連覇を果たす

1.全日本選手権・男子ショートで演技する羽生結弦（2013年12月21日）　2&3.全日本選手権・男子フリーでの演技（2013年12月22日）　4.男子ショートプログラムに臨む羽生（2013年12月21日）

12月21日、ソチ五輪代表最終選考会となる全日本選手権が、さいたまスーパーアリーナで開幕。男子ショートでは、羽生結弦が4回転ジャンプを決め、自身の世界歴代最高点を上回る103・10点で首位に立った。

試合後、羽生は「ほっとした。緊張したし、重圧もあったが、楽しんだという思いが強い。『やった』と思える点数でうれしいけど、国内試合なので関係ない。明日は明日でやるべきことがある」と語り、自ら気を引き締めた。

翌22日、全日本選手権第2日が行われ、羽生はフリーでも1位となった。二つの4回転ジャンプのうちの一つで転倒したが、194・70点をマーク。合計297・80点で全日本選手権連覇を果たした。

国内参考ながら、パトリック・チャンが持つ合計の世界歴代最高点を上回る記録を残した。

2013

初の五輪代表に

12月23日、全日本選手権を終えた羽生結弦はソチ五輪代表に選ばれた。五輪代表への選出は初となる。

24日には、フィギュアスケートのソチ五輪代表壮行会を兼ねたエキシビション「オールジャパン メダリスト・オン・アイス」が、全日本選手権と同会場のさいたまスーパーアリーナで行われた。

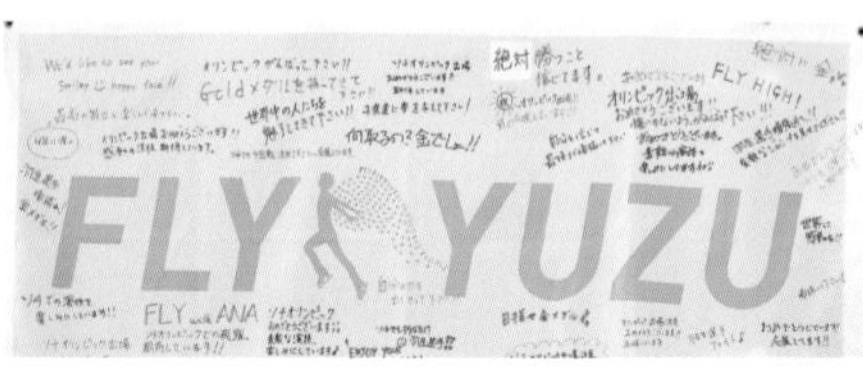

右：全日本選手権後にソチ五輪代表に選出され、氷上で記念撮影する羽生結弦（2013年12月23日、埼玉・さいたまスーパーアリーナ）　左：ソチ五輪日本代表決定から一夜明け、抱負を語る羽生結弦（2013年12月24日、埼玉・さいたま市内）　下：ANAのイベントで贈られた寄せ書き（2013年12月25日）

羽生は表現力あふれる滑りを披露。全日本選手権を連覇して大舞台に挑むことになり、「日本代表の誇りやプライドを背負って、日本代表に恥じない演技をしたい」と観客に向けて話した。

また、さいたま市内で取材に応じ、初の五輪に向け「どうあがいても羽生結弦以上にも以下にもなれない。ありのままの自分で、できることをやりたい」と抱負を語った。

翌25日には、東京・羽田空港で行われた全日本空輸（ANA）のソチ五輪日本代表応援キャンペーンイベントに出席。所属先の先輩で、同じ仙台出身でもあるロンドン五輪卓球女子団体銀メダルの福原愛から「ソチの舞台で世界中を魅了する演技を、私も期待しています」などとビデオメッセージで励まされた。

「心強い言葉をいただいた。精いっぱいの演技を届けたい」と、羽生は気持ちを新たにしていた。

上下：ANA主催のソチ五輪応援のための記者会見で撮影に応じるフィギュアスケート男子日本代表の羽生結弦（ともに2013年12月25日）

M E M O

フィギュアスケートのソチ五輪代表は全日本選手権終了後の12月23日に決まった。

日本は唯一、男女とも最大3の出場枠を確保していたが、今回は枠が足りないと思わせるほどの激戦となった。勝ち抜いた精鋭には、銀1、銅1だった前回のバンクーバー五輪を超える成績も期待される。

特に男子は前回銅メダルの髙橋大輔が3人目に滑り込むほどの[illegible]。[illegible]全日本選手権連覇を果たした羽生結弦は、初の大舞台ながら金メダルを狙える選手だ。

グランプリファイナルで世界選手権3連覇中のパトリック・チャンを破った経験が大きい。フリーで2種類の4回転ジャンプをそろえることなど課題も残しており、19歳にはなお上昇の余地がある。

全日本選手権のエキシビションで演技する羽生（2013年12月24日）

2014

公式戦大会記録

月	大会名	合計	SP	FS	開催地
2	ソチ五輪	280.09（1位）	101.45（1位）	178.64（1位）	ロシア・ソチ
3	世界選手権	282.59（1位）	91.24（3位）	191.35（1位）	埼玉
11	GP 中国杯	237.55（2位）	82.95（2位）	154.60（2位）	中国・上海
11	GP NHK杯	229.80（4位）	78.01（5位）	151.79（3位）	大坂
12	GPファイナル	288.16（1位）	94.08（1位）	194.08（1位）	スペイン・バルセロナ
12	全日本選手権	286.86（1位）	94.36（1位）	192.50（1位）	長野

上：ソチ国際空港に到着した羽生結弦（2014年2月3日）　下：ソチ五輪・練習用のリンクを訪れ、関係者に笑顔で手を振る羽生（2014年2月4日）

2014

金メダル候補としてソチ入り

2月3日、ソチ五輪で金メダルの期待が高いフィギュアスケート男子の羽生結弦（ANA）がソチ国際空港に到着した。

ロシアで初めて開催される冬季五輪のソチ大会は、開会式前日の2月6日に3競技が行われ、冬の祭典がスタートする。まずは、新たに採用された「フィギュアスケート団体」で、男子とペアのショートプログラムが行われる。

4日、羽生は練習でリンクで初滑りを行った。昼すぎの1回目の練習では「スケーティングが抜ける部分があった」と話したように、氷の感触をつかみ切れなかったが、午後の2度目の練習では2種類の4回転ジャンプを鮮やかに決めた。

ソチは2012年12月のグランプリファイナルで一度経験しているが、改めて氷の感触を丁寧に確認。「興奮している自分もいれば、客観的に見られる自分もいる。滑った感じは五輪というより、やっぱり試合」と語

1.ソチ五輪・練習用のリンクで演技する羽生（2014年2月4日）　2.練習中の羽生　3.練習中の羽生とロシアのエフゲニー・プルシェンコ（2.3.ともに2014年2月5日）

るなど、浮足立ってはいない。

初体験の選手村生活は「（部屋は）新しくて広い。快適」と話した。前回滞在中は体調を崩したが、今回は気に入った様子だ。個人種目の前に6日の団体ショートへの出場が濃厚。羽生は「（選ばれたら）国の代表として頑張りたい」と述べた。

5日、羽生はソチ入り後初めて本番会場で調整。4回転ジャンプを決めるなど、順調な仕上がりに、「ピタリと合っているわけではないが、感覚はいい」と手応えをのぞかせた。

この日のリンクは雰囲気が違った。同じグループで練習時間を割り当てられているロシアのエフゲニー・プルシェンコが初めて姿を見せたからだ。トリノ五輪金メダリストの「皇帝」は、羽生にとって、髪形をまねたこともある憧れの存在。同じ大会に出場するのは初めてとなる。ただ、練習では自然体を貫き、「いつも通り、特に変わりはない」。むしろ羽生が2種類の4回転を連続で決めると、プルシェンコが手をたたいて称讃し、19歳の金メダル候補が存在感を見せた。

2014

ソチ五輪・フィギュア団体男子SPで1位発進

上:ソチ五輪・団体男子ショートで演技する羽生結弦　下:団体男子ショートの演技を終えた羽生結弦を祝福する選手たち(ともに2014年2月6日)

2月6日、開会式を翌日に控えたソチ冬季五輪は一部の競技がスタート。初の試みとなるフィギュアスケート団体は、男子とペアのショートプログラム(SP)が行われた。日本は男子に羽生結弦、ペアに高橋成美・木原龍一組(木下ク)が出場した。

男子ショートでは、羽生が1位と活躍。日本はペアのショートとの合計13点で4位につけた。首位はロシア、2位はカナダで、3位は中国だった。

羽生は4回転など3種類のジャンプを全て決め、ミスのない演技で97・98点をマークした。2006年のトリノ五輪金メダルのエフゲニー・プルシェンコは2位。世界選手権3連覇中のパトリック・チャンは3位だった。

ペアの高橋成美・木原龍一組は46・56点で8位だった。

上:団体男子ショートで演技する羽生　下:演技を終えた羽生(ともに2014年2月6日)

M E M O

初めて採用されたフィギュアスケートの団体は、各演技の順位をポイント化し、合計点で争う。1位を10点とし、以下1点刻みで下がって10位は1点。2月8日に行われる女子ショートプログラムとアイスダンスのショートダンス終了時点で5位までに入ったチームがフリーに進む。

2014

ソチ五輪・世界歴代最高点でSP首位

1〜3.ソチ五輪・男子ショートで演技する羽生結弦（2014年2月13日）
4.公式練習に臨む羽生（2014年2月12日）

2月12日、フィギュアスケート男子の開始を翌日に控え、日本勢も練習リンクで最終調整に励んだ。

金メダルを狙う羽生結弦は、最大のライバルであるパトリック・チャンと同時に滑り、フリーの音楽を流した練習では2種類の4回転ジャンプを鮮やかに連続で跳び、仕上がりの良さをうかがわせた。

一方のチャンは、4回転を決めたが、珍しくステップで転ぶ場面があった。

翌13日、男子ショートプログラム（SP）が行われ、羽生は自身の持つ世界歴代最高点を更新し、史上初の100点超えとなる101・45点で首位に立った。2位のチャンに3・93点差をつけた。羽生はミスのない完璧な演技で、日本男子初の金メダルに前進した。

2006年トリノ大会金メダリストのエフゲニー・プルシェンコは直前の練習で腰を痛めて棄権し、現役引退を表明した。

2014

演技で感謝を……

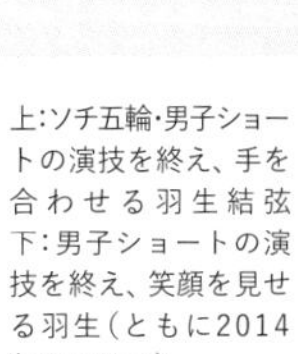

上:ソチ五輪・男子ショートの演技を終え、手を合わせる羽生結弦
下:男子ショートの演技を終え、笑顔を見せる羽生（ともに2014年2月13日）

羽生結弦には1年に一度、忘れてはならない日がやって来る。

3月11日。言うまでもなく2011年に東日本大震災が発生した日だ。

仙台出身の羽生は、当時練習拠点としていた市内のスケート場「アイスリンク仙台」で練習中に被災した。「被災地の希望の星」。そんなふうに自分が語られるのが、最初は嫌だった。

「自分だけが、好きなことをしていていいのだろうか」

スケートをやめたいと思ったこともあった。

羽生も、決して恵まれていたわけではない。震災直後は家族と避難所で4日間過ごした。スケート場が閉鎖され、拠点を失うと、かつての恩師がいた神奈川県内のスケート場に身を寄せた。

練習代わりに各地で行われたアイスショーに出演。その回数は、夏の間だけで60回に達していた。

気持ちも少しずつ変化した。

アイスショーで声援を受け、自分の滑りが多くの人の励みになっていると感じられるようになった。

震災から丸2年となった2013年3月11日には、震災発生時の日本時間に合わせてカナダの深夜1時46分に、日本の方角を向いて黙祷をささげた。

震災は人生観にも影響した。

「スケートをしていることも、もっと言えば、こうして生きていることも、決して当たり前じゃないと思うようになった」

そう語る羽生は、1分、1秒を無駄にせず、感謝の気持ちを大切にするようになったという。スケートに取り組む姿勢も、さらに真摯なものになった。

「いい演技ができたりするのも、僕の力ではなく、いろいろな方の支えがあってのこと。その気持ちを大きな舞台で発信できればと思う」

五輪での滑りは、まさにその思いに満ちている。

上:男子ショートの演技を終え、手を合わせて採点を待つ様子　下:世界歴代最高点をたたき出し、大喜び(ともに2014年2月13日)

2014

日本選手第1号・フィギュア男子初の金メダル

上下：ソチ五輪・男子フリーで演技する羽生結弦（ともに2014年2月14日）

2月14日、ソチ五輪・男子フリーが行われ、羽生結弦が金メダルを獲得した。

日本選手の冬季五輪での金は2006年トリノ五輪フィギュア女子の荒川静香以来、2大会ぶり10個目。今大会では全競技を通じての金メダル第1号だ。フィギュア男子の金メダルは羽生が初めてとなる。

五輪初出場だった羽生は前日の13日、ショートで世界歴代最高点101・45点をたたき出し首位に。フリーではジャンプのミスがあったものの、178・64点で1位、合計280・09点を挙げた。

羽生は1994年12月7日生まれの19歳。フィギュアの男子では1948年サンモリッツ五輪を制したアメリカのディック・バトンの18歳202日に次ぐ、2番目に若い優勝となった。

男子の10代の金メダリストはバトンと羽生の2人のみ。バトンは続く1952年オスロ大会で連覇を果たしている。

羽生の母校、仙台市の東北高校には、2月14日夜から生徒や教員ら約100人が詰め掛けた。応援会場には大型スクリーンが設けられ、競技を観戦した。

金メダルが決まった瞬間、生徒らは一斉に立ち上がり「ウオー」と雄たけびのような歓声を上げた。羽生を見守り続けた関係者は「ゆづ、よく頑張った」と偉業をたたえた。

1

1.フリーの演技後、観客の歓声に応える羽生　2&3.男子フリーでの演技　4.男子フリーでの演技を終え、手を合わせる羽生　5.優勝し、笑顔を見せる羽生（いずれも2014年2月14日）

3　2

5

4

ソチ五輪・フィギュアスケート男子で優勝し、手を振る羽生（2014年2月14日）

2014

「聖地」の神様が後押し

上:弓弦羽神社に並んだ羽生のメダル獲得を願うファンの絵馬
下:2011年7月に羽生自身が願いを込めた絵馬

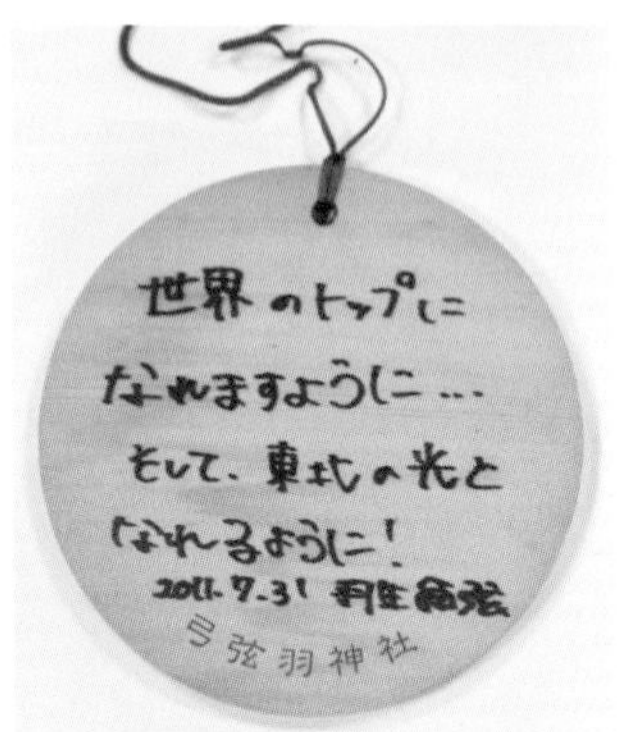

MEMO

ご利益があったかのように、2011～12年のシーズンはシニアのグランプリシリーズ初勝利、世界選手権初出場で3位と飛躍。たくましくなった羽生結弦は、世界の頂点まで上り詰めた。

境内には、羽生を応援する絵馬が急増。初詣で約50枚、2月に入ると約100枚に。金メダルの瞬間をテレビで見た沢田宮司は「ほっとしたような気持ちだった」と胸の内を明かした。

ソチ五輪で金メダルを獲得した羽生結弦。その熱心なファンの間で「聖地」として知られる兵庫県神戸市の弓弦羽（ゆづるは）神社が、静かなブームになりつつある。

２０１１年7月末には羽生自身も訪れて「世界のトップになれますように…そして、東北の光となれるように！」と記した絵馬を奉納。祈願が実現した。

「弓弦羽」の名称が羽生をイメージさせると数年前からファンのブログなどで話題になり、ファンからお守りを贈られた縁で本人が直接、足を運んで参拝した。沢田政泰宮司は、当時の羽生について「きゃしゃな印象だった」と振り返る。

羽生が優勝を決めた翌日の2月15日にはファンの姿が目立ち、大阪府内に住む女性は前年12月に続いて絵馬を奉納。「前回は『頑張って』と祈願し、今回は『ありがとうございました』とお礼をしました」とうれしそうだった。

一問一答

QUESTIONS & ANSWERS

01

「五輪ってすごい」

日本に冬季2大会ぶりの金メダルをもたらした羽生結弦の一問一答は次の通り。

――競技を振り返って。

緊張した。やっぱり五輪ってすごいなと思った。結果として、すごくうれしいのが半分。自分の中で悔しいと思うところが結構ある。

――フィギュアで日本男子初の「金」の感想は。

びっくりしているとしか言いようがない。日本男子初の金メダルなので誇らしく思わないわけはない。

――重圧はあったか。

6分間練習から（体が）全然動かなかった。焦ってもいた。ただ、一生懸命やろうとはした。どんな時も全力は尽くそうとした。

――演技が終わった時は。

終わった瞬間に、今回、金メダルは駄目だったかなと思った。

――チャンの得点を見た時は。

とにかく驚きしかなかった。自分の演技については悔しかったので、うれしい感情はなかった。ただ、表彰台で花束をもらってすごくうれしかった。早く金メダルが見たい。

――ミスがあった中での勝因は。

やっぱりショートであれだけできたというのが大きかった。

――今後の目標は。

世界選手権の代表に選ばれているので、それに向けて、一生懸命頑張っていきたい。

世界選手権3連覇中のパトリック・チャン（カナダ）が銀メダル、銅メダルはデニス・テン（カザフスタン）だった。

写真：ソチ五輪・フリーでの演技を終え、得点発表を待つ羽生（2014年2月14日、ロシア・ソチ）

 ソチ五輪で金メダルを獲得した羽生（2014年2月14日、ロシア・ソチ）

2014

金メダルを手に感謝

ソチ五輪・メダル授与式で金メダルを手にする羽生結弦（2014年2月15日）

2月15日、ソチ五輪のフィギュアスケートで日本男子初の優勝を果たした羽生結弦が、五輪公園内のメダルプラザで金メダルを授与された。

「このメダルは一人ではなく、みんなで一緒に（首に）掛けているような気分。支えてくれた方々の思いが全部こもっている。今は幸せに浸りたい」と感想を述べた。

授与式で名前が呼ばれると、羽生は表彰台の一番高い所に飛び乗り、満面の笑みで大勢の観客に手を振った。

メダルプラザで初めて流れた君が代。真剣な表情で口ずさみ、「日本代表として、また羽生結弦として誇らしい一瞬を迎えられたと思います」。

自分が成し遂げたことに自信を持ち「五輪王者という肩書を背負わないといけない」と話す羽生。それでも、金メダルの輝きには恐れ多い様子。メダルの感触を手で長い時間確かめながら、その場で凝視しようとはしなかった。

「（後で）じっくり見て、家族やお世話になった人、国民の皆さんと喜びを分かち合いたい」と感謝の気持ちを口にした。

羽生が金メダルを獲得したソチ五輪の男子フリーで、2月14日深夜からフジテレビ系が中継した番組の関東地区の平均視聴率が16・6％、瞬間最高視聴率が23・1％を記録したことが、17日のビデオリサーチ調べでわかった。羽生の出身地の仙台地区では平均が13・6％、瞬間最高が19・0％だった。

MEMO

韓国のYTNテレビは「アジアの選手がこの種目で頂点を極めたのは初めて」と快挙をたたえた。

2月15日付の中央日報は、羽生が2月13日のショートプログラムで世界歴代最高点をたたき出したと大きく報道。「少女漫画から飛び出してきたような美しく幼い顔つきだが、実力は宇宙人級だ」と称賛した。

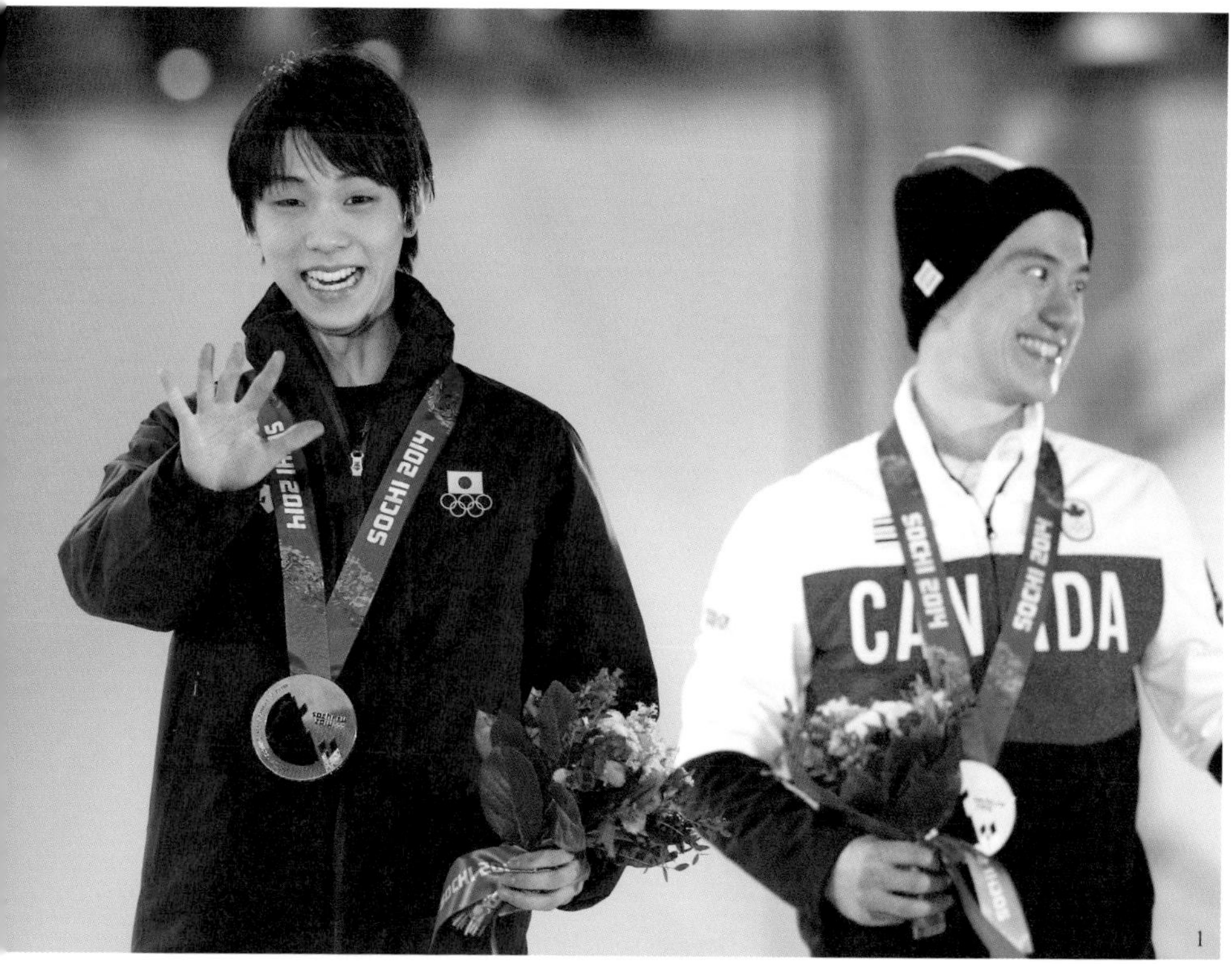

1

3

2

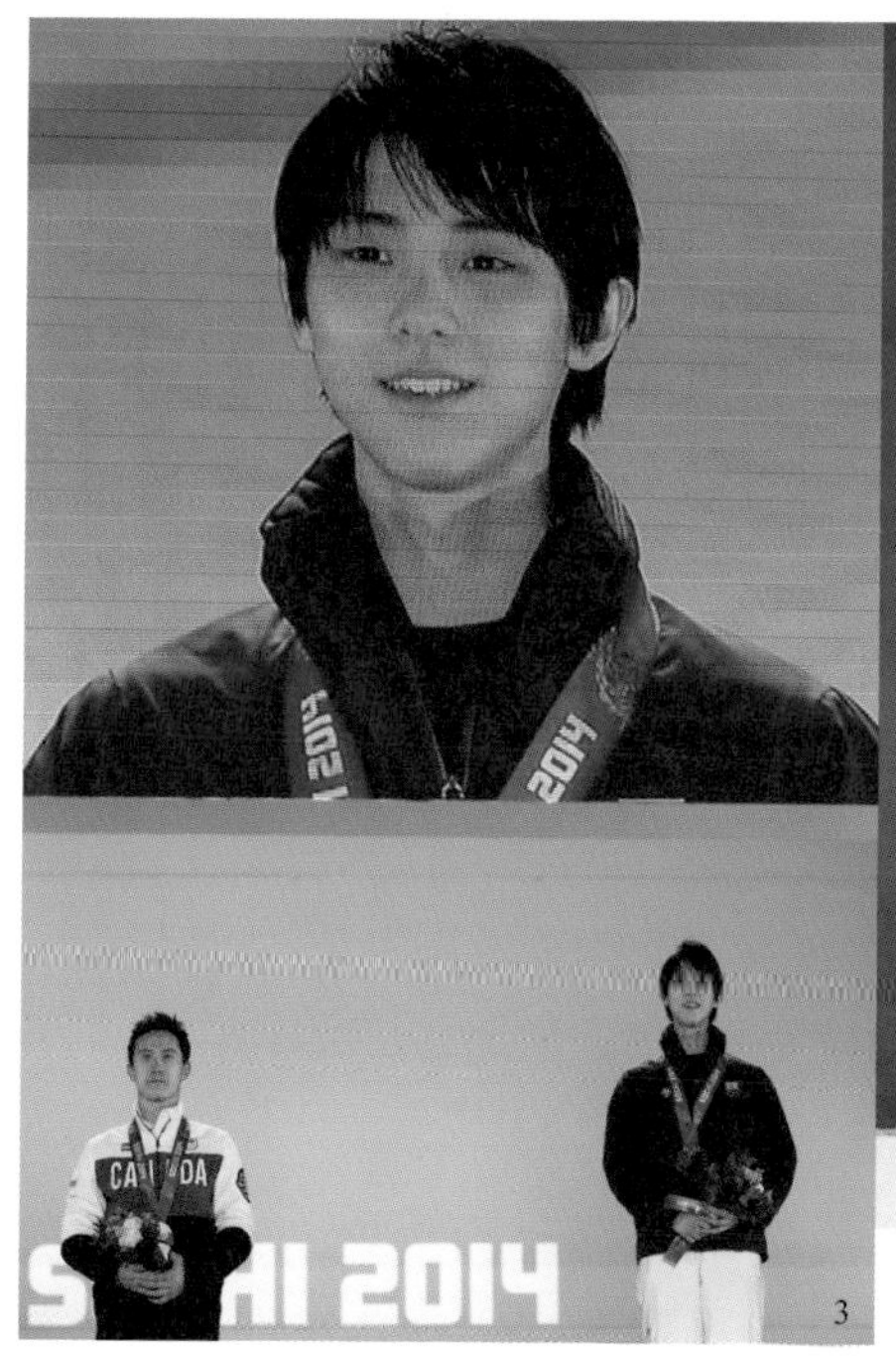

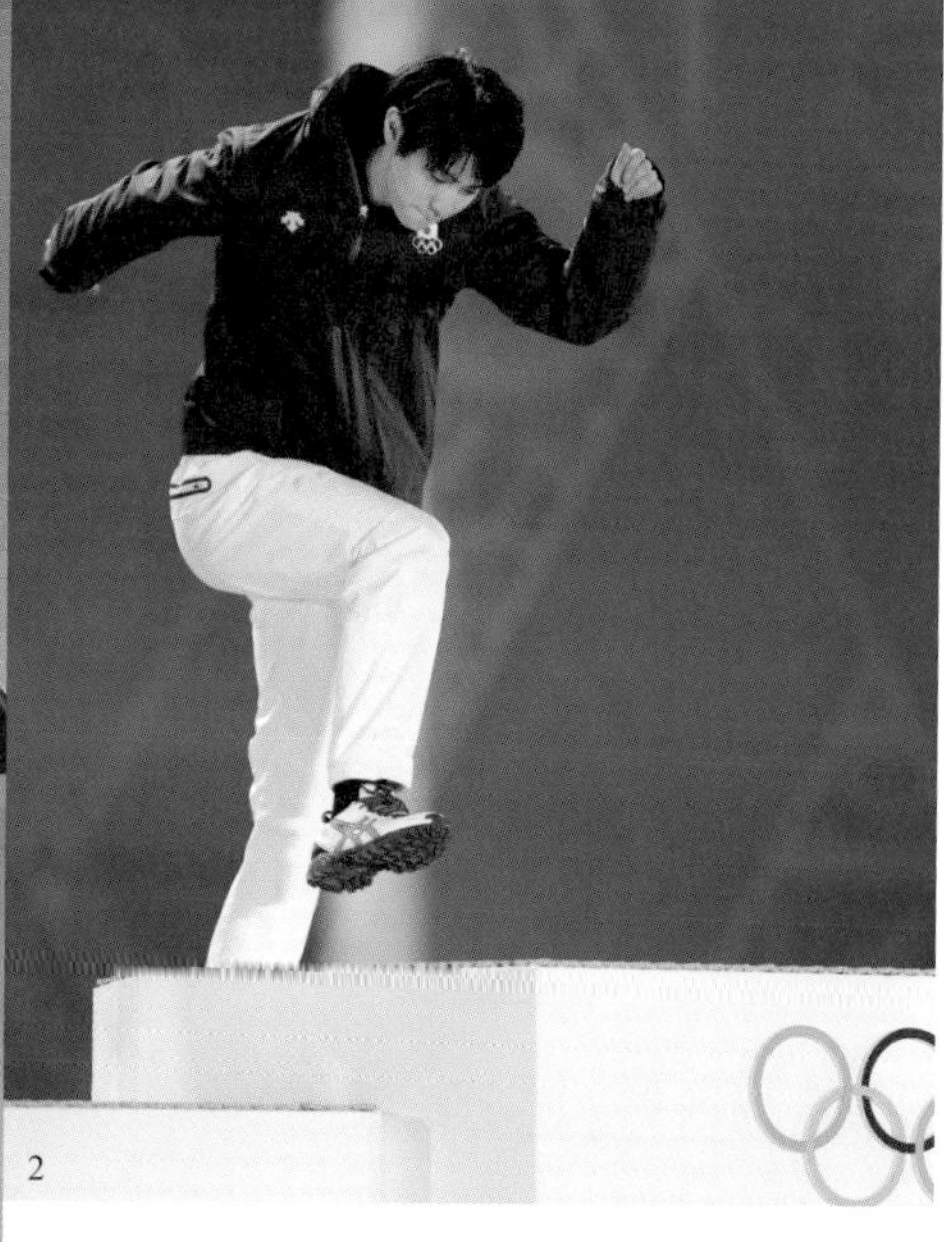

1.金メダルを授与され、笑顔で手を振る羽生　2.表彰台に上がる羽生
3.君が代を口ずさむ様子（いずれも2014年2月15日）

2014

ソチ五輪閉幕

2月22日、フィギュアスケートのメダリストら成績上位選手らによるエキシビションが行われ、華麗な舞が演じられた。

日本男子初の金メダルを獲得した羽生結弦は「白鳥の湖」を編曲した「ホワイト・レジェンド」の調べに乗り、情感あふれる滑りを披露した。

翌23日夜、ロシアで初めて開かれた第22回冬季五輪・ソチ大会は五輪スタジアムで閉会式が行われ、88カ国・地域から約4500人の選手・役員が参加した17日間の冬の祭典は閉幕した。

日本選手団は1998年長野大会の10個（金5・銀1・銅4）に次ぐ冬季大会2番目、国外大会では最多のメダル8個（金1・銀4・銅3）を獲得した。

上：ソチ五輪・フィギュアスケートのエキシビションで演技する男子金メダルの羽生結弦（2014年2月22日）
下：ソチ五輪の閉会式に参加した羽生（2014年2月23日）

記者会見でメダルを手に撮影に応じる羽生（2014年2月25日、東京都内のホテル）

2014

メダルを胸に帰国

2月25日、ソチ冬季五輪の日本選手団の本隊約140人が帰国した。

成田空港で約1000人のファンや一般利用客に迎えられ、フィギュアスケート男子で金メダルを獲得した羽生結弦は笑顔で何度も頭を下げ、声援に応えた。

メダリストらは空港から文部科学省に向かい、下村博文文科相を表敬訪問して帰国を報告した。日本は1998年に行われた長野五輪のメダル10個に次ぐ、国外の冬季五輪では最多の8個を獲得した。

その後、東京都内のホテルでソチ冬季五輪の日本選手団が記者会見した。

羽生は「最高の結果を日本に持って帰れて誇りに思う」と述べ、「五輪に対する注目度の高さを感じた。そこで評価をいただき、見ている人に何かを伝えられたのではないか」と振り返った。

羽生は、日本オリンピック委員会から支給される300万円の報奨金の使い道を報道陣に問われ、「震災復興への寄付やスケートリンクへの寄付に使いたいと今の段階では思っています」と答えた。

帰国してまずやりたいことについては「特にない。（3月の）世界選手権に向け、一生懸命練習したい」と述べ、早くも次の目標に目を向けた。

成田空港に笑顔で到着し、多くの人たちに迎えられる羽生（2014年2月25日）

2014

うれしいご褒美

上:所属先のANAでの報告会でふるまわれたケーキを前に笑顔を見せる羽生
下:ANAを訪問した羽生(ともに2014年2月25日)

2月25日、ロシアから日本に帰国した羽生結弦は、所属先のANA（東京都港区）を訪問し、ソチ五輪で金メダルを獲得したことを報告した。

羽生はこの日の朝に帰国したばかり。帰国早々、文部科学省訪問や都内ホテルでの記者会見などで、忙しい一日となった19歳をうれしい贈り物が待っていた。

「こうして笑って日本に帰ってこられたことが誇らしい」

そう報告した羽生の目の前に運ばれてきたのは、金メダルを模したチョコレートや似顔絵をあしらった大きなケーキと、金箔張りのマカロン。「すごい」と目を丸くして喜んだ。

お祝いのスイーツだけでなく、航空会社らしく「行き先はどこでもOK」という家族旅行の目録も贈呈された。

カナダのトロントを拠点に活動する羽生は「日本で温泉めぐりとかしたい」と目を輝かせた。

2014

故郷に金メダルを報告

地元の仙台市役所で市民らの出迎えを受ける羽生結弦（2014年2月26日）

2月26日、ソチ五輪のフィギュアスケート男子で金メダルを獲得した仙台市出身の羽生結弦が、宮城県庁と仙台市役所を訪れ、村井嘉浩知事らに優勝を報告した。

県庁の玄関ロビーではファンや職員ら約1000人が到着を待ち、金メダルを首に下げた羽生が現れると、大きな拍手や歓声で出迎えた。

村井知事が「県民一丸となって応援した。本当に金メダルを取り、夢のよう」と祝福すると、羽生は「被災地に早く復活してもらいたいという思いで、報奨金を寄付したい」と応じた。

羽生はこれに先立って仙台市役所を訪問。奥山恵美子市長から、優れた業績をたたえる「賛辞の楯」が贈られた。

羽生は「五輪チャンピオンとして（今後も）いい演技をしたい」と約束し、「この金メダルが東北への支援を考えるきっかけになればいい」と話した。

2014

世界選手権、逆転で初優勝

上:世界選手権のショートプログラムで演技する羽生結弦(2014年3月26日)　下:男子フリーを演じ終え、声援に応える羽生(2014年3月28日)

3月26日、フィギュアスケートの世界選手権がさいたまスーパーアリーナで開幕。男子ショートプログラムでは、初優勝を狙うソチ五輪金メダルの羽生結弦が4回転ジャンプで転倒。91・24点で3位だった。

28日、世界選手権第3日には男子フリーが行われた。羽生は191・35点で1位となり、ショートプログラム3位から逆転し、初優勝を遂げた。

同年の五輪との2冠は、2002年にロシアのアレクセイ・ヤグディンが達成して以来の快挙。さらにグランプリファイナルを合わせて3冠を達成した。

羽生は演技を終えた瞬間の気持ちを聞かれ、「とにかく頑張ったと思った。うれしかった。4回転を二つ跳ぶのは、この2シーズンを通してうまく決まらなかったので、最後に決められて良かった」。五輪との2冠については「五輪の直後に世界選手権でも勝ったのは、ヤグディン選手だけなので、憧れた選手に少しでも近づけたかなと思う」と喜びを語った。

30日、シーズン3冠の羽生は、エキシビションでは2季前のフリー「ロミオ+ジュリエット」を選曲した。

「このプログラムで羽生結弦を応援しようと思ってくださった方もたくさんいると思うので、その方々にも恩返しできるように」と熱演した。

五輪メダリストとなり、会場で受ける声援にも変化を感じた。「髙橋(大輔)選手とか本田(武史)さんとか、日本男子の歴史を積み上げてきた選手にこういう声援が送られていた。それが僕にくるとなったら、不思議な感じ」と語り、「これから先、自分が頑張って(歴史を)つくっていかなければ」と気を引き締めていた。

世界選手権のエキシビションでの演技（2014年3月30日）

2014

ギネス認定証授与

——SP世界歴代最高点で

ショートプログラムでマークした世界歴代最高点がギネス世界記録として認められ、認定証書を手に笑顔を見せる羽生(2014年4月11日)

4月11日、フィギュアスケート男子の羽生結弦のショートプログラム(SP)世界歴代最高点がギネス世界記録に認定され、東京・国立代々木競技場で行われた「スターズ・オン・アイス」公演後のリンク上で認定証が授与された。

羽生は金メダルを獲得したソチ五輪で史上初の100点超えとなる101・45点を記録した。

羽生は「この記録を自分で抜かせるようにしたい」と意欲を示した。

2014

園遊会に招かれる

上：春の園遊会で羽生結弦らと歓談される両陛下　下：初の園遊会終了後、報道陣の質問に答える羽生（ともに2014年4月17日）

4月17日、天皇、皇后両陛下主催の春の園遊会が、東京・元赤坂の赤坂御苑で開かれた。約2000人が出席した中には、羽生結弦の姿も。両陛下と皇族方が声を掛けて回られた。

天皇陛下から「震災に遭われてから苦労が多かったんじゃないですか」と話し掛けられた仙台市出身の羽生は、「たくさんの方々に支えられてスケートができているので本当に幸せだなと思っています」と応じた。

その後、記者団から五輪とどちらが緊張したか問われ、「こちらの方が緊張しました」と笑顔を見せた。

日本スケート連盟による優秀選手の表彰祝賀会でJOC杯を受け取る羽生（2014年4月25日、東京都港区）

2014

記者会見・授与式に大忙し

4月24日、ソチ五輪で金メダルを獲得した羽生結弦は、東京都内の日本外国特派員協会で記者会見を行った。連覇が懸かる2018年平昌五輪を見据え、「まだ僕は19歳なので、来シーズンや4年後に向けて精いっぱい精進したい」と話した。

羽生はすでに2種類の4回転ジャンプを競技で跳び、練習では4回転のループを成功させ、さらにルッツも試みている。「プログラムで新しい4回転をやるか具体的には考えていないが、いろいろなジャンプができるように4年後に向けて頑張りたい」と意欲をのぞかせた。

また、食が細いとの指摘には「食事にはまだ興味がない」と認めつつも、「ロシアで合宿した時に食べたボルシチとつぼ焼きはおいしかった記憶がある」と、氷上とは違う一面も見せた。

翌25日、安倍晋三首相がソチ冬季五輪・パラリンピックのメダリストや入賞者を首相官邸に招き、記念品として銀製の写真立てを贈った。

安倍首相は「持てる力を全て発揮した姿、コンディションの悪い中、全力を尽くした姿、メダルを取って日章旗が上がる中、誇らしい姿。それぞれ私たち日本人に感動と勇気を与えていただいた」と述べ、選手の活躍をたたえた。羽生は「記念の品を誇りに、さらなる好成績を残せるよう日々精進していく」と抱負を語った。

同日、日本スケート連盟による2013~14年シーズン優秀選手の表彰祝賀会が東京都内で開かれ、フィギュアスケート男子でグランプリファイナル、ソチ五輪、世界選手権を制した羽生らに記念品や賞状などが贈られた。

羽生は、報奨金を被災地に寄付する意向を示しており、「自分たちが頑張ることによって、僕の故郷や福島の現実をいま一度思い出してもらえれば」と話した。

上:日本外国特派員協会で記者会見をする羽生(2014年4月24日、東京都千代田区)　下:ソチ冬季五輪・パラリンピックのメダリストや入賞者への記念品贈呈式であいさつをする羽生(2014年4月25日、都内・首相官邸)

2014

凱旋パレードに9万人

上下：パレードカーから沿道の観衆に手を振る羽生結弦（2014年4月26日）

4月26日、ソチ五輪のフィギュアスケート男子金メダリスト、羽生結弦の凱旋パレードが出身地の仙台市で行われ、沿道に集まった約9万2000人の観衆から祝福を受けた。

パレードは市中心部を南北に貫く東二番丁通りでスタート。トラックの荷台を改造したオープンカーに乗った羽生は、首に掛けた金メダルを披露し、手を振って大観衆の声援に応えた。

パレード後の記者会見では「最高の成績を（故郷に）持ち帰れた。遠くから来た方もいたと聞いた。うれしい」と喜びを語った。

2014

希望ともす栄誉・紫綬褒章受章

上：ソチ五輪で優勝し、手を振って声援に応える羽生　下：ソチ五輪・男子フリー後の羽生（ともに2014年2月14日、ロシア・ソチ）

M E M O

羽生結弦は仙台市出身。4歳でスケートを始め、15歳で世界ジュニア王者。長足の進歩で、今季は世界選手権、グランプリファイナルも制して「3冠」を達成。それでも「一番のライバルは自分。さらに好成績を残せるように頑張りたい」と語る。向上心は尽きない。

練習中に東日本大震災に遭った。被災直後はスケートを続けることに迷いもあったが、困難を乗り越え、世界で活躍する姿が復興への思いを風化させない存在になることを願い、「金メダルが希望の象徴になればうれしい」と話す。新たな栄誉はさらに明るい光をともした。

4月28日、政府は２０１４年春の褒章受章者６８４人と23団体を発表した。

芸術やスポーツの分野で活躍した人を対象とする紫綬褒章は、ソチ冬季五輪フィギュアスケート男子で金メダルを獲得した羽生結弦、２００９年に「おくりびと」で米アカデミー賞外国語映画賞に輝いた映画監督の滝田洋二郎らが受章した。

羽生は「スポーツのみならず、日本の国の発展に携わってきた方々や偉人の方々が受章してきたと理解している。その中に名前を刻めて、うれしく思う」と受章の喜びを語った。

2014

チョコレートのCMに出演

上下：ロッテ「ガーナミルクチョコレート」の新CM発表会に出席した羽生結弦（2014年8月27日、東京都港区）

8月27日、ロッテ「ガーナミルクチョコレート」の新CM発表会にフィギュアスケート男子金メダリストの羽生結弦、女優の土屋太鳳と松井愛莉が出席した。

羽生は来シーズンに向けて「期待されることはうれしい。それを力に頑張りたい」と話していた。

2014

中国選手と激突し負傷

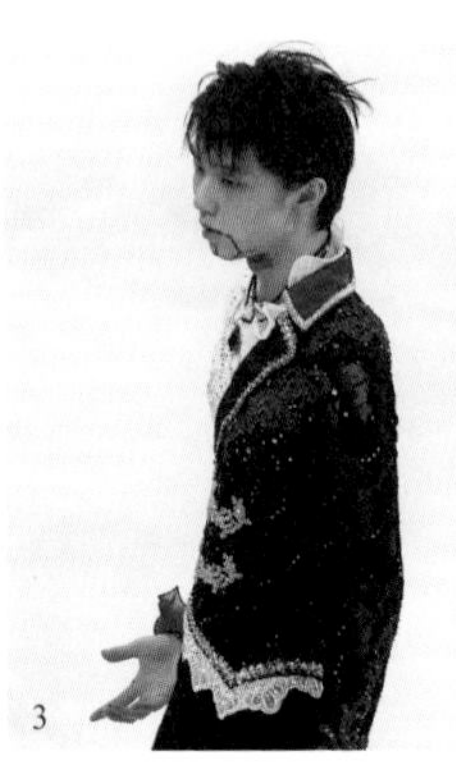

1.負傷する前に行われた男子ショートでの演技（2014年11月7日） 2.フリー直前の練習で中国の閻涵と激突し、リンクに倒れ込む羽生 3.頭部や顎を負傷し、出血が見られる（2.3.ともに2014年11月8日）

11月7日、グランプリシリーズ第3戦中国杯が上海で開幕した。同日には男女のショートプログラムなどが行われ、男子で今季初戦に臨んだ羽生結弦はジャンプのミスがあり、82・95点で2位スタートとなった。

翌8日に行われた中国杯最終日、羽生は男子フリー直前の6分間練習で、中国の閻涵（えんかん）と激突。頭部などを負傷した。しばらく倒れ込み、その後リンクサイドに戻った。頭部から出血したと見られ、約10分後に頭にテーピングなどをしてリンクに現れ、中断されていた練習を再開した。

頭部からの出血に加え、顎の負傷もあり、止血剤で応急処置を施してフリーに臨んだ。それでも羽生は演じ切り、154・60点で2位、合計でも237・55点で2位だった。

終了後にアメリカチームの医師によって顎を7針縫ったほか、右耳の上の治療も受けた。

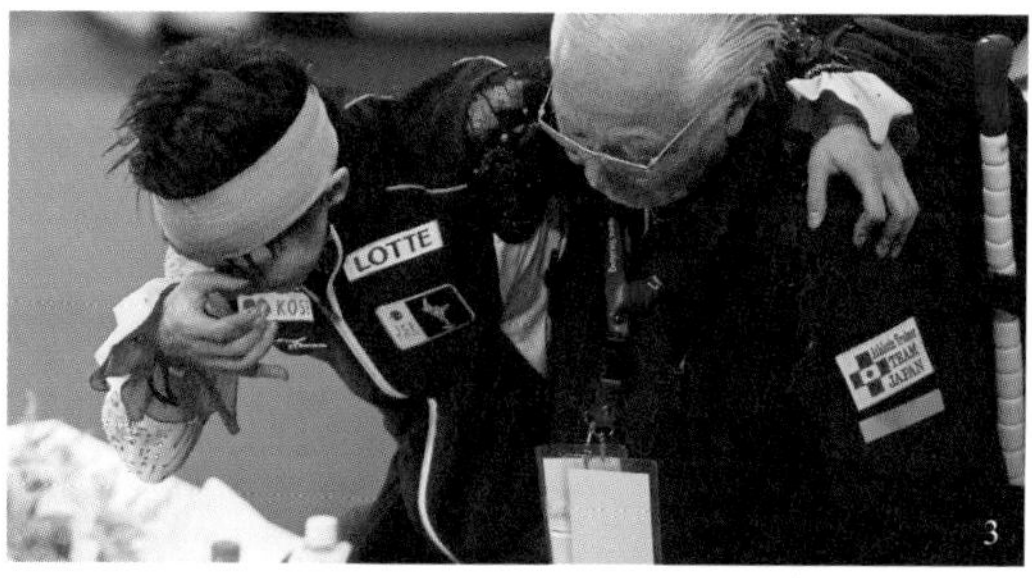

1.中国杯・男子フリーで頭にテーピングをして演技する羽生結弦　2.けがを押して出場した男子フリーの演技で転倒する羽生　3.男子フリーでの演技後、泣き崩れる羽生（いずれも2014年11月8日）

左足は肉離れを起こしているようで、車いすに乗って宿舎に戻った。

日本スケート連盟の小林芳子フィギュア強化部長によると、出場については、医師の見解を聞いた上で羽生とオーサー・コーチが協議して決めたという。小林強化部長は「シーズンの初めだし、棄権だと思ったが、2人の決定を尊重した」と述べた。

羽生と激突した閻涵も顎を痛めたが、棄権せずに出場した。

9日、羽生は精密検査を受けるため、成田空港着の航空機で帰国。車いすに乗り、裂傷を負った顎などを保護するためか、マスクを着けた痛々しい姿だった。到着ロビーでは約160人のファンが、羽生の名前が書かれたプラカードを持つなどして出迎えた。

マスクのため表情はうかがえなかったが、羽生は歓声が起こるとその都度会釈。報道関係者に「頑張りましたね」と声を掛けられると、振り返るようにして頭を下げていた。

M E M O

11月10日、日本スケート連盟はグランプリシリーズ第３戦中国杯で負傷した羽生結弦が9日に東京都内の病院で精密検査を受け、頭部と下顎の挫傷などで全治2〜3週間と診断されたと発表した。腹部と左太ももの挫傷、右足関節の捻挫も判明した。

羽生は「皆さまにはご心配とご迷惑をお掛けしてしまい申し訳ない気持ちでいっぱいですが、まずは、ゆっくり休み治療したい」としている。

2014

NHK杯4位でファイナルへ

NHK杯・男子ショートプログラムに登場した羽生結弦（2014年11月28日）

11月27日、大阪・なみはやドームで翌日から開幕する、グランプリシリーズ第6戦NHK杯に出場予定の羽生結弦が、公式練習で調整を行った。

午前の練習には参加せず、午後の1回を滑り、トリプルアクセル（3回転半）を決めるなど復調ぶりを示した。4回転ジャンプの成功率は低かったが、何度か着氷した。

羽生は11月8日の中国杯フリー直前練習で中国選手と激突。頭部や左太ももなどに全治2〜3週間のけがをした。負傷明けとなるNHK杯、記者会見では「万全の調子ではないため、少しレベルを落とす構成にしているが、今自分ができる最高の演技をしたい」と抱負を述べた。

翌28日、いよいよNHK杯が開幕。男女のショートプログラムなどが行われた。羽生は78・01点で5位と出遅れた。

29日、NHK杯第2日には、男女フリーなどが行われた。

1.男子ショートに登場した羽生（2014年11月28日）　2～4.NHK杯の開幕を翌日に控え、公式練習をする羽生（いずれも2014年11月27日）

ショート6位の羽生は、ジャンプのミスがあったもののフリーでは3位となり、総合4位に順位を上げた。

30日、羽生は負傷明けで出場した大会を振り返り、「焦りというものが今回は全部響いてきたと思う」と話した。

「焦り」を生んだのはやはり、3週前の中国杯の6分間練習で中国選手と衝突したアクシデント。NHK杯の練習でも落ち着こうとしたが、「トラウマではないけれど、周りを見ないといけない潜在意識みたいなものがあった。集中しきれなかったことを反省している」と明かした。それでも、衝突への恐怖心は「間違いなく解消される」と言い切った。

羽生は悔しさから一夜明け、「ここまで滑れたのは奇跡に近い。まぎれもなくみんなのおかげ」とスタッフやファンに感謝の気持ちが湧いたという。

連覇が懸かるグランプリファイナル（12月11～14日、バルセロナ）に滑り込みで進み、「最後の切符をつかんだ者として、チャレンジャーとして行きたい」と、巻き返しに意欲的だった。

上:NHK杯・男子フリーでの演技　下:フリーの演技後、悔しさがにじみ出る(ともに2014年11月29日)

M E M O

12月4日、2014年のスポーツ界で優れた成績を残した個人や団体を表彰する「テレビ朝日ビッグスポーツ賞」が発表され、フィギュアスケート・ソチ五輪男子金メダリストの羽生結弦と、体操で世界選手権個人総合5連覇の内村航平(コナミ)が選ばれた。

12月8日、ヤフーは、同社の検索サービスで検索数が急増した人物を表彰する「yahoo!検索大賞2014」に、羽生を選んだと発表した。元日から11月1日までの期間の1日当たり平均検索数を、昨年1年間の1日当たり平均検索数と比べたところ、人物では羽生の伸びが最大だったと説明している。

12月12日、読売新聞社制定の「日本スポーツ賞」の選考会が東京都内で開かれ、2014年のグランプリ(大賞)に羽生が選ばれた。賞金として羽生には200万円、日本スケート連盟には300万円が贈られた。

上：男子フリーでの演技を
終えた羽生（2014年11月
29日）　下：エキシビショ
ン後に観客に手を振る羽生
（2014年11月30日）

2014

グランプリファイナル2連覇

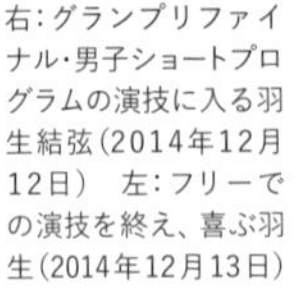

右：グランプリファイナル・男子ショートプログラムの演技に入る羽生結弦（2014年12月12日）　左：フリーでの演技を終え、喜ぶ羽生（2014年12月13日）

12月11～14日、グランプリファイナルがスペインのバルセロナで行われた。第2日の男子ショートプログラムには羽生結弦が登場。今季世界最高となる94・08点で首位に立ち、連覇に向けて好スタートを切った。

中国杯での衝突事故で負傷後2戦目となる羽生は、ジャンプで一つ転倒があったが、4回転トーループを成功させた。

翌13日には男子フリーが行われ、羽生はショートに続いてフリーでも1位となり、2連覇を遂げた。男子の連覇は史上3人目で、日本人男子としては初の快挙となる。

羽生はフリーで自己ベストの194・08点を挙げ、今季世界最高の合計288・16点で圧勝した。

フリーでの演技（2014年12月13日）

グランプリファイナルで金メダルを手に笑顔を見せる羽生結弦(2014年12月13日)

激突負傷からの復活の象徴が4回転ジャンプだった。今季一度も決まっていなかったが、ショート、フリー合わせて計3度、鮮やかに成功させた。特にフリー冒頭の4回転サルコーは、これまでで一番といえる美しさだったが、決して幸運でも偶然でもなかった。

羽生は今回、フリー直前のウォームアップに、トリプルアクセル(3回転半)を取り入れた。普段は3回転ループで済ますが、6分間練習後、最終滑走の出番まで30分以上あり、「ループだけでは体に刺激が足りない」と決断した。負荷を増やしたことで、思惑通りに演技冒頭から体が動いた。試行錯誤の末の成功に、「どうやったら跳べたのかを冷静に振り返る材料になった。サルコーが一番の収穫」と言い切った。

QUESTIONS & ANSWERS

02

ファイナル連覇でファンに感謝

羽生結弦がグランプリファイナル2連覇を果たした。前年のグランプリファイナルから、ソチ五輪、世界選手権とタイトルを独占。五輪王者が翌シーズンのファイナルに出ること自体、羽生が初めてだった。

日本スケート連盟の小林芳子フィギュア強化部長は「気持ちが強く、才能がある。しばらくは無敵」と語る。

ファイナルで連覇を遂げた羽生の一問一答は次の通り。

――連覇を果たしたことについて。

今日は滑っていて緊張したが、自分自身の体を駆使できる幸せを感じた。たくさんの人の支えや応援してくださったファンに、ありがとうと伝えたい一日だった。

――体の状態は？

自分の感覚としてはここまで追い込めたし、事故による影響はほとんど体にはないんじゃないかと思っている。

――復活したと言えるか。

まだ4回転ジャンプを（演技）後半に入れることができていない。その中で最大限の演技ができたのは大きな進歩だが、完璧な状態には戻っていない。

――中国杯での事衝突事故から大変な1カ月だったが。

幸せでした。五輪が終わって次の年（シーズン）だったのが、まず幸いだった。スケーターの誰しもが経験できるものでもないし。でも、もういいです、あの事故は。

写真：グランプリファイナル男子で２連覇を果たし、帰国した羽生（2014年12月16日、千葉・成田空港）

上下：グランプリファイナルで優勝し、喜ぶ羽生結弦（2014年12月13日、スペイン・バルセロナ）

2014

頂点への「向上心」——羽生結弦、被災地に光明

ソチ五輪・男子フリーでの演技を終えた羽生結弦（2014年2月14日、ロシア・ソチ）

「ユヅルは金メダルを取った時、大喜びしていなかった。私は本当に誇りに思っていいんだと激励した」

ソチ五輪でフィギュアスケート日本男子初の金メダルに輝いた羽生結弦を指導するブライアン・オーサー・コーチは、愛弟子についてそう語った。

羽生が大喜びしない理由の一つは、フリーの演技でミスが目立ったことにあった。常に課題を探し、進化を求める。羽生の強さのゆえんだ。

五輪シーズン序盤もカナダのパトリック・チャンに大差で連敗する滑り出しだった。だが、ライバルへの過剰意識が原因と分析し、自分の滑りに集中することで、グランプリファイナル、世界選手権の3冠につなげた。

今季もその姿勢は変わらない。11月の中国杯で中国選手と激突して頭と顎から流血。全治2～3週間の大けがで、羽生自身、後に「普通だったら棄権するけが」と口にしたが、演技を強行した。

NHK杯では4位。だが、けがを理由とせず、「自分のするべきことに集中していなかった」と語った。そして、グランプリファイナルで復活の連覇を遂げた。『幸せでした。このアクシデントはスケーター誰しもが経験できるものではない』。そう述べた羽生は、逆境も成長の糧にした。

五輪で笑顔がなかったのは、自身が仙台で被災した東日本大震災への思いもあった。「僕は何ができたのかな」。

だが、自分の影響力を思わぬ形で感じた。中国杯後、勇敢さが称賛される一方、健康管理の面で批判も沸き起こったのだ。「こんなにもワイドショーで取り上げられているのかと驚いた」。

12月7日で20歳。スケートのため、被災地に明るい光をともし続けるために誓う。「ただひたすら向上心を持ち続けたい。そういうところは子供であり続けたい」。

上:NHK杯・男子フリーに臨む羽生(2014年11月29日、大阪・なみはやドーム) 下:グランプリファイナル・ショートプログラムでの羽生(2014年12月12日、スペイン・バルセロナ)

全日本選手権・ショートの演技を終え、笑顔を見せる羽生結弦（2014年12月26日）

2014

全日本選手権3連覇／腹部の手術

12月25日、全日本選手権が開幕する試合会場で前日練習が行われた。3連覇が懸かる羽生結弦は2種類の4回転ジャンプを決めるなど、まずまずの調子。

男子は羽生が頭一つ抜けた存在だ。中国杯での衝突事故の影響で苦しんだが、グランプリファイナルで4回転ジャンプを全て決め、復活の2連覇。さらなる上積みも期待でき、自身初の300点台到達の可能性もある。

26日、いよいよ全日本選手権が長野市のビッグハットで開幕。同大会は、2015年3月に中国の上海で開催される世界選手権の代表最終選考会を兼ねる。男子ショートプログラムでは、羽生が94・36点で首位に立った。ジャンプでミスが一つあったが、高い技術でまとめた。

27日、全日本選手権の第2日に羽生はフリーでも192・50点で1位となり、合計286・86点で3連覇を果た

した。男子の3連覇は、引退した髙橋大輔が2005〜07年に達成して以来の快挙。これにより、羽生は世界選手権代表入りが決定した。

29日、羽生は腹痛の精密検査のため全日本選手権上位選手らが出演するメダリスト・オン・アイスを欠場。「楽しみにしていただいたファンの皆さまには、大変申し訳ない気持ちでいっぱいです」との談話を発表した。

日本スケート連盟は30日、羽生が「尿膜管遺残症」と診断され、同日に手術を受けたと発表した。

12月中旬のグランプリファイナル中から断続的な腹痛があったという。約2週間の入院と1カ月の安静が必要で、練習は経過を見て再開する見込みだ。

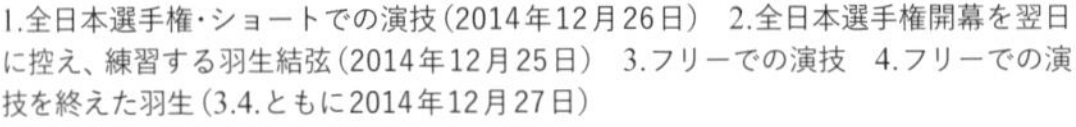
1.全日本選手権・ショートでの演技（2014年12月26日） 2.全日本選手権開幕を翌日に控え、練習する羽生結弦（2014年12月25日） 3.フリーでの演技 4.フリーでの演技を終えた羽生（3.4.ともに2014年12月27日）

公式戦大会記録

月	大会名	合計	SP	FS	開催地
3	世界選手権	271.08（2位）	95.20（1位）	175.88（3位）	中国・上海
4	世界国別対抗戦	3位	96.27（1位）	192.31（1位）	東京
10	オータム・クラシック	277.19（1位）	93.14（1位）	184.05（1位）	カナダ・バリー
10	GP スケートカナダ	259.54（2位）	73.25（6位）	186.29（2位）	カナダ・レスブリッジ
11	GP NHK杯	322.40（1位）	106.33（1位）	216.07（1位）	長野
12	GPファイナル	330.43（1位）	110.95（1位）	219.48（1位）	スペイン・バルセロナ
12	全日本選手権	286.36（1位）	102.63（1位）	183.73（1位）	北海道

2015

世界選手権2連覇ならず

世界選手権・ショートプログラムで演技する羽生結弦（2015年3月27日）

3月24日、中国・上海で開幕する世界選手権の公式練習が本番リンクで行われた。2連覇を狙う羽生結弦（ANA）らが、氷の感触を確かめた。

羽生は曲をかけた場面ではジャンプでミスがあったが、終盤に2種類の4回転を着氷。腹部の手術と右足首捻挫が重なり、調整遅れも懸念されていたが、「滑ることができているので自分の中では問題ない。練習で追い込んできた」と語る。

27日、世界選手権第3日は男子ショートプログラムが行われ、羽生が95・20点で首位に立った。

ショートの演技を振り返って、羽生は次のように語った。「4回転トーループのミスは正直悔しいが、他でその減点をカバーできた。試合勘はなくなっていたが、（練習を再開してからの）3週間、本気で追い込んできて良かった。全日本選手権の時を上回るレベルになっている」

28日、世界選手権最終日となったこの日、男女フリーが行われた。羽生は4回転ジャンプのミスが響き、フリーでは175・88点で3位。合計271・08点の2位で逆転を許し、日本選手初の世界選手権2連覇を逃した。今大会の優勝は、ショートで2位につけたスペインのハビエル・フェルナンデス。初優勝だった。

大会を振り返り、羽生は次のように語った。

「正直悔しい。4回転サルコーも、4回転トーループも決められなかったから。ただ、最後までこのリンクで滑り切ることができたのは本当に良かった。4回転の後は足がふわふわして自分の中で体をコントロールしきれなかったけど、いい経験をさせてもらえた。今季は山あり谷ありだったけど、スケート人生だけでなく、僕の人生に（経験は）生きてくる。また体をつくり直したい」

世界選手権から一夜明けた29日、羽生は中国・上海で取材に

応じ、「今季の経験を踏まえて、また一歩進化できると思う」と前向きに振り返った。

練習中の衝突による負傷から始まり、腹部の手術、右足首捻挫が重なって、万全の状態であることが少なかった。今季はショート、フリーともにミスのない演技がなく、「情けなく、ふがいない。マイナスの気持ちばかり。でも、僕を成長させてくれた」と語った。

4回転ジャンプの回数を増やし、得点が1・1倍になる演技後半にも組み込む難度の高い構成を目指したが、実現しなかった。「後半に4回転を入れるのが正しいかどうかはわからないが、2018年（平昌五輪）へ向けて全体のレベルも上がる。来季も挑戦したい」と、羽生は意欲を示した。

上:世界選手権・フリーでの演技　下:銀メダルを手に写真撮影に応じる羽生（ともに2015年3月28日）

上:世界選手権のエキシビションでの演技　下:エキシビションで声援に応える羽生（ともに2015年3月29日）

2015

世界国別対抗戦で3位

世界国別対抗戦のショートプログラムを前に公式練習する羽生結弦（2015年4月16日）

4月16日、第4回世界国別対抗戦が、今季の成績上位6カ国が参加して東京・国立代々木競技場で行われた。

日本は羽生結弦が男子ショートプログラムで首位に立つなどして、2位につけた。首位はアメリカ。羽生はジャンプにミスがあったが、今季自己最高の96・27点とした。「本当に悔しい。ルッツは自信を持ってやってきたが、スピードがなさ過ぎた。なんで跳べなかったのか。得点はびっくり。4回転トーループはやっと自分らしく跳べるようになった」とショートの出来について語った。

17日、世界国別対抗戦第2日に行われた男子フリーで羽生が1位になるなどして、日本は初日の2位を保った。首位は変わらず、アメリカだった。羽生は4回転トールーブが3回転になるミスがあったが、192・31点をマークした。

18日は世界国別対抗戦最終日で、日本は合計103点で前回

1. 世界国別対抗戦・男子フリーでの演技
2. フリーでの演技を終えた羽生（ともに2015年4月17日）

の2013年大会に続く3位に終わった。首位はアメリカがそのままキープし、合計110点で2大会連続3度目の優勝を飾った。ソチ五輪団体金メダルのロシアは2位だった。

一夜明けた19日、羽生の記者会見が開かれた。度重なる負傷や腹部の手術など波乱続きだった1年を振り返り、「豊富な経験ができたシーズンだった。何をすべきか一つ一つ考えるきっかけになった」と総括した。

右足首捻挫が癒えた直後の3月の世界選手権では連覇を逃して銀メダルだったが、世界国別対抗戦ではショート、フリーとも貫禄の1位。精神面の強さについて「勝利への意欲があり、強い気持ちを持てた」と自己分析した。

来季は王座奪還を目指し、挑戦者として臨む。「今季の理想としていた構成にしていきたい」と話し、2種類の4回転ジャンプをフリーで計3度跳び、得点が1・1倍になる演技後半に組み込む構成に再び挑むことになりそうだ。

上：世界国別対抗戦・ショートプログラムで演技する羽生（2015年4月16日）　下：世界国別対抗戦のエキシビションで演技する羽生（2015年4月19日）

2015

世界歴代最高点でNHK杯優勝

右:NHK杯のショートプログラムで演技する羽生結弦（2015年11月27日）　左:男子フリーでの演技を終えた羽生（2015年11月28日）

11月27日、グランプリシリーズ第6戦NHK杯が長野・ビッグハットで開幕した。男子ショートプログラムで羽生結弦は、自身の世界最高点を更新する106・33点をマークして首位に立った。ソチ五輪で記録した101・45点を塗り替えた。

冒頭に跳んだ4回転サルコーの着氷をこらえ、4回転トループ―3回転トループも決めた。ショートプログラムで4回転を2度決めたのは自身初のことだ。

翌28日、NHK杯第2日には男女フリーなどが行われた。男子ショート首位の羽生は、フリーでも216・07点で1位となり、合計322・40点で優勝。グランプリファイナルへの出場を決めた。いずれも世界歴代最高点で、300点台は史上初の快挙だ。

29日、羽生は長野市内の会場で取材に応じ、「点数以上に自分の演技を成し遂げられたことに意味を感じた」と実感を込めて語った。そして、ショートプログラムとフリーで2種類の4回転を計5度決めて完璧に滑り切った今大会を「自分との戦いに勝てる条件が整っていた」と振り返った。

次の目標は男子初の3連覇が懸かるグランプリファイナル。12月10日、スペインのバルセロナで開催される。

羽生は「自分の記録を超えていく」と意気込み、さらに完成度の高い演技を求める。

3

2

1.男子ショートの演技を終え、自身の世界最高点を更新し、喜ぶ羽生（2015年11月27日）
2&3.NHK杯・男子フリーでの演技後、自らの得点結果に驚く羽生（2015年11月28日）

一問一答 QUESTIONS & ANSWERS 03

「この点数がまた壁になる」

世界歴代最高の合計322・40点で優勝した羽生結弦の一問一答は次の通り。

――すごい得点を出した。

正直うれしい。点数には自分自身も驚いた。まだ実感が湧いていない。うまく言葉に表せない感情というか、ちょっとふわふわした感じ。

――フリーを振り返って。

一つ一つ丁寧にこなしたいと思っていた。全てのジャンプがきれいに決まったわけではない。後半の4回転トーループは、もっときれいに跳べるし、もっと複雑な跳び方もできるはず。

――どういう気持ちで臨んだか。

フリーで200点、合計で300点を超えたいという気持ちは少なからずあった。緊張していて重圧を感じていることをわかった上で、コントロールした精神状態でできた。経験が生きた。

――これから何を目指すか。

この点数がまた壁になる。超えるために日々努力する。4回転ループはまだ確実にプログラムに入れられる確率ではない。すぐにはできないと思うが、これ以上の内容をコンスタントに。この試合は五輪でもないし、引退試合でもない。皆さんの心に残る演技をできるようにさらに頑張る。

上：NHK杯・フリーでの演技後（2015年11月28日、長野・ビッグハット）
下：NHK杯のエキシビションで倒れた「どーもくん」らを助ける羽生（2015年11月29日）

2015

グランプリファイナル、史上初の3連覇

グランプリファイナル・男子フリーで演技する羽生結弦（2015年12月12日）

12月10日、グランプリシリーズ上位6人で争うファイナル第1日が、スペインのバルセロナで行われた。

男子ショートプログラムでは、羽生結弦が自身の世界歴代最高を更新する110・95点を出して首位に立った。

2種類の4回転ジャンプを決め、出来栄え評価（GOE）で3点満点がつくなど、ほぼ完璧な演技。芸術性などを評価する演技構成点のうち「演技・実行」の項目で10点満点を記録し、11月のNHK杯でマークした106・33点を大幅に塗り替えた。

グランプリファイナル最終日の12日には、男女フリーが行われた。ショートで世界歴代最高点を更新した羽生は、フリーでも219・48点をマーク。合計で330・43点と世界歴代最高点を更新し、史上初の3連覇を遂げた。

「ほぼ完璧にできた。今回は世界最高得点に追われて演技していた。自分で自分を追い込んでいて、不安はあった。最後まで気を抜かずに一つ一つできた。常に1位であり続けたい」と、自らの演技を振り返って語った。

13日、羽生は取材に応じ、「このプレッシャーの中でよくできた。びっくりしている」と実感を込めた。

男子で一人突出している現状だが、「僕が争いのレベルを引き上げている感覚はない。僕は僕の道を突き進んでいるというだけ」と話す。

今大会で羽生は、ショートプログラムとフリーでサルコー、トーループと2種類の4回転を計5度跳ぶプログラムを、さらなる高みへと引き上げた。ジャッジによるGOEで5度のうち4度が満点だった。芸術性などを示す演技構成点も10点満点の各項目で9点台の後半が並んだ。

15日、羽生はグランプリファイナル開催国のスペインから帰国し、羽田空港でファン約300人の出迎えを受けた。

右：グランプリファイナル・男子ショートでの演技（2015年12月10日）
左：エキシビションで演技をする羽生（2015年12月13日）

空港で取材に応じた羽生は「今回は達成感よりも安堵感の方が強い」と笑顔で振り返った。

重圧のかかる中でノーミスの演技を見せ、11月のＮＨＫ杯で自らが出した世界歴代最高点を塗り替える合計３３０・４３点をたたき出した。しかしながら、羽生は「点数とか関係なく、自分自身のスケートを磨き、向上させていくのが大切」と満足した様子を見せなかった。

さらに25日からの全日本選手権を控え、「緊張感のコントロールが大事。まずは僕自身が力を発揮できる状態にしたい」と意気込みを示した。

今年を振り返る漢字一文字を問われると、「成長」と将棋の駒が変わる「成駒」に使われる「成」と答えた。

「ここまで歩兵のように一歩一歩進んできた。さらに強くなっていかないといけない」

MEMO

基礎点の取りこぼしは、ショートプログラム、フリーとも最高難度のレベル４を逃したステップシークエンスのみ。今回の構成で基礎点、出来栄え評価（GOE）、演技構成点で満点を取ったとしても、さらに上積みできるのはわずか9.01点。驚異のスコアはもう上限に迫っている。

エキシビションのフィナーレでは４回転ループを着氷した。３種類目となるこの４回転を加えれば、さらに得点が伸びる可能性は広がるが、羽生は「今すべきかどうかは疑問」とまだ慎重だ。難しいジャンプを、得点が増す後半にさらに組み込む策もあるが、ジャンプは正確無比でなければならない。「ジャンプが決まるからこその演技」という持論がある。

それでもまだ、羽生が向上する余地はある。スケーティング技術を指導するトレーシー・ウィルソンは「練習で見せる質の高いスケーティングを、（本番で）ジャンプを入れてもできれば」と言う。細部を詰めれば、完成の域にまた一歩近づく。

右:スペインから帰国し、花束を受け取る羽生結弦　左:スペインから帰国した羽生(ともに2015年12月15日、東京・羽田空港)

グランプリファイナルの表彰式で笑顔を見せる（左から）２位のハビエル・フェルナンデス（スペイン）、羽生、３位の宇野昌磨（2015年12月12日）

2015

全日本選手権4連覇

右：全日本選手権・男子ショートプログラムで演技する羽生結弦
左：男子ショートの演技を終え、苦笑いする羽生（ともに2015年12月25日）

12月25日、全日本選手権が札幌市の真駒内セキスイハイムアイスアリーナで開幕した。4連覇を狙う羽生結弦は、男子ショートプログラムで102・63点をマークして首位に立った。

羽生は冒頭の4回転サルコーでミスがあったものの、他の演技要素は無難にまとめた。

翌26日、全日本選手権第2日では、羽生がフリーでも183・73点で1位となり、合計286・36点で4連覇を遂げ、世界選手権出場を決めた。しかし、羽生の自己評価は次のように厳しい。「明らかに悪い演技。緊張がかなりあった。練習でも周りを気にして、集中を欠いていた。シーズンを通しての疲れはある。悔しい。煮えたぎっている。反省点を見つけ出して、こんな演技を二度としないようにする」

27日、全日本選手権は閉幕。これで2015年の国内外主要大会が終了した。

羽生は、11月のNHK杯と12月のグランプリファイナルで世界歴代最高点を立て続けに塗り替え、男子で一人だけ突き抜けた存在になった。全日本選手権では4連覇を果たした。しかし連戦の疲れは否めず、ショートとフリーで計3度、ジャンプで転倒した。羽生は「煮えたぎっている」と悔しがったが、ブライアン・オーサー・コーチは「大局的に見ればいい」と言う。

過去3シーズン、羽生は要の世界選手権、五輪にピークを合わせることができたとは言いがたい。オーサー・コーチは全日本で調子が落ちたことを前向きに捉えて、「完璧な演技はまたできる。正しい時期にやるべきだ」と3月の世界選手権を見据えた。

2

1

M E M O

全日本では４回転を２度失敗したが、決めた三つは出来栄え評価(GOE)で３点満点がついた。ある国際ジャッジは「飛距離と高さがある。跳ぶ前のカーブも自然できれい。降りた後の滑り出しも伸びている」と説明した。

自身の持つ世界歴代最高点も、現在の技術構成も上限に近いだけに、３種類目の４回転となるループへの挑戦が視野に入る。オーサー・コーチは「練習では結構いい」と言う。十分な休養と調整を経て臨む３カ月後の世界選手権は期待できそうだ。

3

1.全日本選手権・男子フリーでの演技　2.フリーでの演技後、悔しそうな表情を浮かべる羽生　3.全日本選手権男子で優勝し、客席の声援に応える羽生（いずれも2015年12月26日）

2016

公式戦大会記録

月	大会名	合計	SP	FS	開催地
3	世界選手権	295.17（2位）	110.56（1位）	184.61（2位）	アメリカ・ボストン
9	オータム・クラシック	260.57（1位）	88.30（1位）	172.27（1位）	カナダ・モントリオール
10	GP スケートカナダ	263.06（2位）	79.65（4位）	183.41（1位）	カナダ・ミシサガ
11	GP NHK杯	301.47（1位）	103.89（1位）	197.58（1位）	北海道
12	GPファイナル	293.90（1位）	106.53（1位）	187.37（3位）	フランス・マルセイユ

2016

復興支援アイスショー

アイスショーのフィナーレで観客に笑顔を見せる羽生結弦（2016年1月9日）

1月9日、東日本大震災の復興支援を目的としたフィギュアスケートのアイスショー「NHK杯スペシャルエキシビション」が、岩手県の盛岡市アイスアリーナで行われた。

昨年12月のグランプリファイナルで、男子の世界歴代最高点をマークして3連覇した羽生結弦（ANA）、女子の浅田真央（中京大）らが演技した。

今年最初の演技となった羽生は、エキシビションのプログラム「天と地のレクイエム」で荘厳な滑りを披露。「まだまだ僕たちが力になれることがある。頑張っていきたい」とあいさつした。

2016

世界選手権で2位

世界選手権のエキシビションで演技する羽生結弦（2016年4月3日）

3月30日、世界選手権がアメリカのマサチューセッツ州ボストンで開幕した。

この日の公式練習中、2季ぶりの優勝を狙う羽生結弦が、他選手のマナー違反に対し注意を促す場面があった。

曲がかかっている間はその選手の動きを優先するのがマナー。羽生は曲をかけて練習しており、トリプルアクセル（3回転半）に入る前に、リンク中央付近でカザフスタンの選手がスピンを続けていたため、進路を妨げられる形になった。前日の練習でも同選手と接触しそうになっていた。

羽生には昨季のグランプリシリーズ・中国杯でフリーの演技直前の6分間練習で中国選手と衝突し、頭部などを負傷した苦い経験がある。

試合前の練習でペースが崩れた羽生だったが、男子ショートプログラムでは110・56点をマークし、貫禄の首位。「気持ち良く滑った。自分のショートプログラムの曲を大事にして滑ることができた」と演技を振り返った。

4月1日、世界選手権第3日には男子フリーが行われた。ショートで首位に立った羽生だったが、フリーでは184・61点と振るわず、合計295・17点で2位に終わった。

ショートで2位だったスペインのハビエル・フェルナンデスがフリーで逆転し、連覇を果たした。

羽生は悔しさをこらえながら「緊張はあったが、この舞台で金メダルを取れないようじゃまだまだ」と振り返った。ジャンプは2度の4回転サルコーで転倒するなど、出来栄え点（GOE）で大きく減点。得意のトリプルアクセルにもほころびが出た。

最終組の2番目。この滑走順には以前から苦手意識がある。6分間練習を終えてリンクを離れた後、あまり時間を置かず演技に入るため準備が難しい

1.ショートプログラム直前の公式練習での羽生　2.ショートプログラムでの演技を終え、歓声に応える羽生　3.ショートでの演技（いずれも2016年3月30日）

ことが理由。「2番滑走というのもあったかもしれない」と敗因を探った。

4月3日、2季ぶりの優勝を逃した羽生は大会を振り返り、「喪失感、また悲しさもあるけど、割とすがすがしい」と述べた。世界歴代最高点を2度更新した昨季を「今の自分の完璧を試合で出せた達成感もある」と総括し、最終戦で敗れた同門のハビエル・フェルナンデスについては「すごく強いライバル。お互いをいいように利用してやっていけたら」と今後に向けて話した。

また、3月30日の公式練習でマナー違反のあったカザフスタンの選手と和解したことを明らかにし、「握手をしに行った。お互いに気をつけていけたらいい」と話した。

4

6

5

4.男子フリーでの演技を終え、悔しそうな表情を見せる羽生　5.男子フリーでの演技を終えた羽生 6.世界選手権で2位となり、銀メダルを手に撮影に応じる羽生（いずれも2016年4月1日）

2016

左足甲の靱帯損傷で2カ月の安静

世界選手権・フリーでの演技を終えた羽生結弦（2016年4月1日、アメリカ・ボストン）

4月26日、日本スケート連盟は、左足甲を痛めていた羽生結弦がリスフラン関節靭帯損傷で約2カ月の安静、加療を要する見込みと発表した。当面は練習拠点のカナダ・トロントで治療に専念する。

羽生は4月3日まで行われた世界選手権で2季ぶりの優勝を狙ったがフリーで崩れ、2位に終わった。その後、左足甲を痛めていたことが明らかになっていた。

2016

三つのギネス記録と4回転ループ認定

8月22日、羽生結弦が2015年12月のグランプリファイナルでマークした三つの世界最高得点がギネス世界記録に認定され、都内で認定証の授与式が行われた。

羽生はグランプリファイナルで、ショートプログラム110・95点、フリー219・48点、合計330・43点を記録し、その全てが対象となった。自身の記録が認定されるのは14年ソチ五輪でのショートプログラムの得点に続き2度目。「どんどん進化して、自分の記録に挑戦し続ける」と話した。

10月2日には国際スケート連盟（ISU）が、羽生が9月30日のオータム・クラシックで跳んだ4回転ループを成功と認定した。ISU公認大会では史上初めてのこと。羽生は同大会のショートプログラムで4回転ループを初めて成功させ、10月1日のフリーでも決めて優勝した。

上：2015年のグランプリファイナルにおける得点で三つのギネス世界記録に認定され、認定証を受け取った羽生結弦（2016年8月22日、東京都港区）　下：練習拠点のリンクでの公開練習終了後、記者会見で質問に答える羽生（2016年9月13日、カナダ・トロント）

2016

スケートカナダで2位

スケートカナダ・男子ショートプログラムで演技する羽生結弦（2016年10月28日）

10月27日、カナダのミシサガで行われる今季グランプリシリーズ第2戦のスケートカナダの公式練習に羽生結弦が参加。グランプリファイナル4連覇に向けてスタートを切った。この日は会場リンクの氷の感触を確かめ、「気持ち良く練習できた」と落ち着いた表情で語った。

1カ月前の今季初戦、オータム・クラシックでは、国際スケート連盟公認大会で史上初めて4回転ループを成功させた。だが、その他のジャンプで転倒するなど、全体としてはまとまりを欠き、練習から気合が入り過ぎた面が影響したと反省した。

その後は曲をかけての通し練習を繰り返し、呼吸や体のリズムを意識しながら、新しいプログラムをより体になじませ、「また違った自信がついた」と言い切った。

28日、スケートカナダが開幕。今季グランプリシリーズ初戦の羽生は、男子ショートプログラムでジャンプのミスが続き、79・65点で4位と出遅れた。地元カナダのパトリック・チャンが90・56点で首位に立った。

29日、スケートカナダ最終日が行われた。羽生はフリー1位で巻き返し、合計263・06点で2位に入った。ショートで1位のチャンが合計266・95点で優勝した。

30日、羽生は今後へ向けて新たな意気込みを示した。ショートプログラム、フリーとも4回転ループは失敗したが、手応えは得た様子。「フリー後半の4回転ジャンプを決められたのは大きい。気持ちも込められたし、順調な滑り出し」と語った。

今大会に向けた調整では体重を増やし、体力面を強化。成果を感じてはいるが、「まだ改良は必要。一つ一つ課題を見つけて成長できたら」とさらなる向上を誓った。

11月末のNHK杯（札幌）が自身のグランプリ2戦目となる。

上：男子フリーの演技に臨む羽生
下：フリーでの演技を終えた羽生
（ともに2016年10月29日）

上:スケートカナダ・エキシビションでの演技(2016年10月30日)　下:開幕前日の公式練習で調整する羽生(2016年10月27日)

2016

NHK杯、2年連続3度目の優勝

上:NHK杯開幕前日の公式練習で、ジャンプに失敗し、悔しそうな表情を見せる羽生結弦(2016年11月24日)　下:男子ショートでの演技(2016年11月25日)

11月24日、グランプリシリーズ第6戦NHK杯の公式練習が行われた。12月にフランスのマルセイユで開かれるグランプリファイナル進出を目指す羽生結弦らが調整を行った。

羽生は今大会で3位以内に入れば、史上初の4連覇が懸かるファイナルに進む。午後の練習で3種類の4回転ジャンプを念入りに確認し、4回転を4度組み込むフリーの曲をかけて単発のループとサルコー、連続ジャンプで跳んだトーループをきれいに着氷。連続ジャンプのサルコーこそ乱れたが、まずまずの仕上がりを見せた。

翌25日、NHK杯が札幌市の真駒内セキスイハイムアイスアリーナで開幕した。

第1日には男女のショートプログラムなどが行われた。男子では羽生が今季世界最高の103・89点をマークして、首位に立った。冒頭の4回転ループで着氷が乱れたものの、連続ジャンプで跳んだ4回転サ

上：NHK杯・男子フリーで4回転ループを決め、着氷する羽生結弦
下：NHK杯の表彰台でメダルを披露する羽生（ともに2016年11月26日）

ルコーとトリプルアクセル（3回転半）はきれいに決めた。

11月26日、NHK杯第2日には男女のフリーなどが行われた。ショート首位の羽生は、フリーでも197・58点で1位となり、今季世界最高の合計301・47点で、2年連続3度目の優勝を遂げた。

これにより、シリーズ上位6人で争う12月のグランプリファイナル進出を決め、史上初の4連覇を目指す。

「正直、ほっとしている。久しぶりの300点台は非常にうれしい。やっとプログラム自体を

1.NHK杯で優勝し、トロフィーを掲げ場内を回る羽生　2.表彰式でメダルを手に笑顔を見せる優勝した羽生と3位の田中刑事（1.2.ともに2016年11月26日）　3.エキシビションを終え、歓声に応えながら場内を回る羽生（2016年11月27日）

楽しむ余裕が出てきた。グランプリファイナルに向けて、自信を持ってやっていきたい」と試合後に羽生は語った。

また27日の取材では、「一つずつ進めている実感がある。限界は決めていない」と話し、レベルアップに強い決意を示した。3種類を計6度組み込んだ4回転はショートプログラムでループの着氷が乱れ、フリーでは連続ジャンプで予定したサルコーで転倒。まだ完璧にはまとめていないが、今季、世界で初めて成功させたループに3回転トーループを加えて連続ジャンプにする練習も始めている。

公式練習ではフリーの最後に4回転のトーループやサルコーを跳ぶパターンも試した。「これだけ疲れていても跳べるという自信にするため」と羽生は語り、来季へ向け、誰もやらない挑戦的なプログラムも視野に入れる。また、4種類目のルッツにも取り組んでいるという。

NHK杯のエキシビションで演技する男子シングル優勝の羽生結弦（2016年11月27日）

2016

グランプリファイナル史上初の4連覇

グランプリファイナル・男子ショートプログラムで演技する羽生結弦（2016年12月8日）

12月8日、グランプリファイナル第1日が、フランスのマルセイユで行われた。男子ショートプログラムでは、史上初の4連覇を狙う羽生結弦が今季世界最高の106・53点をマークして首位に立った。

冒頭の4回転ループで着氷がやや乱れたが、4回転サルコー－3回転トーループの連続ジャンプ、トリプルアクセル（3回転半）で高い加点を得た。

10日、グランプリファイナル最終日には男子フリーが行われ、羽生が合計293・90点で史上初の4連覇を果たした。フリーでは、4回転サルコーで転倒するなど後半のジャンプでミスを重ねて得点が伸びず、187・37点の3位にとどまったが、ショートプログラム首位を生かして逃げ切った。

羽生は「追うべきものは自分の最高点（合計330・43点）」と目標を高く保ち、ループ、トーループを含めた4回転の完成度に加え、表現力のさらなる向上

1

2

3

1.男子フリーで演技する羽生結弦　2.グランプリファイナル金メダルの羽生（1.2.ともに2016年12月10日）　3.帰国し、花束を受け取る羽生（2016年12月13日、千葉・成田空港）

を誓った。

「演技自体には満足していない。フリーの3位は非常に悔しい。ショートプログラムはそこそこ頑張れたが、最後に失敗して印象が悪い。かなり多くの課題が見つかった」と羽生は自らの演技を総括した。

翌11日、取材に応じた羽生は「4連覇は誇り。3種類の4回転をしっかり入れられたのは大きな収穫」と振り返った。

13日、帰国した羽生は成田空港で報道陣の取材に応え、「4連覇という記録が続いて良かった」とほっとした表情を見せた。ショートでのリードを守って逃げ切ったとはいえ、フリーでは4回転サルコーで転倒するなどジャンプのミスが出て3位にとどまったことについては「悔しい気持ちと課題が見つかった優勝」と述べた。

満足した様子はなく「難易度が高いプログラムだからこそ、完璧に仕上げたい」とシーズン後半に向け、さらに演技の精度を高めていくと語った。

史上初の4連覇を達成し、表彰台で喜ぶ羽生結弦。左は2位のネーサン・チェン、右は3位に入った宇野昌磨（2016年12月10日）

2016

全日本選手権欠場

グランプリファイナル金メダルの羽生結弦（2016年12月10日、フランス・マルセイユ）

12月21日、日本スケート連盟は、羽生結弦がインフルエンザのため22日に大阪・東和薬品RACTABドームで開幕する全日本選手権を欠場することになったと発表した。羽生は5連覇が懸かっていた。

日本スケート連盟によると、羽生は史上初の4連覇を果たしたグランプリファイナルから帰国後の15日にインフルエンザを発症。その後に咽頭炎を併発し、発熱が続いた。今後も1週間程度は安静加療が必要となる見込みだという。

羽生は連盟を通じて「ご心配とご迷惑を掛けてしまい申し訳ない。今は安静加療に専念し、体調をしっかり戻していきたい」とコメントした。

2017

公式戦大会記録

月	大会名	合計	SP	FS	開催地
2	四大陸選手権	303.71（2位）	97.04（3位）	206.67（1位）	韓国・江陵
3	世界選手権	321.59（1位）	98.39（5位）	223.20（1位）	フィンランド・ヘルシンキ
4	世界国別対抗戦	1位	83.51（7位）	200.49（1位）	東京
9	オータム・クラシック	268.24（2位）	112.72（1位）	155.52（5位）	カナダ・モントリオール
10	GP ロシア杯	290.77（2位）	94.85（2位）	195.92（1位）	ロシア・モスクワ

2017

四大陸選手権で2位――激しさを増す4回転争い

四大陸選手権・男子ショートプログラムで演技する羽生結弦（2017年2月17日）

2月16日、四大陸選手権に出場する羽生結弦（ANA）が練習リンクで調整を行った。フリーの曲をかけた練習で4回転ジャンプは一度も跳ばず、スケーティングを念入りに確認。演技を最後までほぼ通し、ステップやスピン、振付に意識を傾けていた。

昨年末の全日本選手権はインフルエンザの影響で欠場したが、調整は問題なさそうだ。

翌17日、四大陸選手権第2日が韓国の江陵で行われた。今大会は、来年の平昌五輪のテスト大会を兼ねている。男子ショートプログラムでは、羽生が97・04点で3位につけた。

「表現面は良かったが、ジャンプが決まりきらなかった悔しさがある。しっかり考えて修正点を見つけたい。（4回転サルコーの失敗は）ちょっと考え過ぎた」と、羽生はショートの出来を振り返る。

18日には、各選手が練習リンクで調整した。男子ショート3位から巻き返しを期す羽生は午後の練習のみ。フリーの曲に合わせた場面で、演技の序盤と後半に2度組み込んだ4回転サルコーがいずれも2回転となった。その後修正したが、ショートプログラムで失敗したジャンプに苦しんでいた。

19日、四大陸選手権最終日には、男子フリーが行われた。羽生は合計303・71点で、2位に順位を上げた。大会を振り返り、次のように語った。

「正直に言うと勝ちたかった。4回転を試合で四つ決められたのは収穫。限界に挑戦している感覚はあった。追うべきものがたくさんあるので、もっとレベルアップできると感じた」

今大会を制したのは、17歳のネーサン・チェン（アメリカ）だった。4回転の争いは激しさを増し、1年後の五輪へ向けて勢力図も変わりつつあることを印象付けた。

羽生は4回転3種類を5度決めた。昨季は2種類で合計33

1

2

3

1.四大陸選手権・男子ショートでの演技（2017年2月17日）　2.公式練習でコーチのブライアン・オーサーと談笑する羽生（2017年2月16日）　3.公式練習中の羽生（2017年2月18日）

0・43点の世界歴代最高を出しており、全体の完成度を高めれば迫る者はいない。しかし、ショートプログラムとフリーでミスを一つずつに抑えながら、チェンに敗れた現実は重い。

ソチ五輪では、スケーティング技術に優れた当時世界王者のパトリック・チャン（カナダ）を羽生が追い、サルコー、トーループの4回転2種類をひっさげて抜き去った。

平昌五輪に向けては逆の立場になったと言える。羽生はチェンの脅威を感じつつ、「自分の限界も引き上げてくれる」と闘志を燃やした。

上下:四大陸選手権・男子フリーでの演技(2017年2月19日)

四大陸選手権のエキシビションで
演技する羽生（2017年2月19日）

2017

世界選手権で2度目の優勝

世界選手権の男子フリーで世界歴代最高点を出し、驚く羽生結弦（2017年4月1日）

3月27日、フィンランドのヘルシンキで開幕する世界選手権の公式練習が始まり、男子で3年ぶりの優勝を狙う羽生結弦らが本番リンクで調整した。羽生は4回転サルコーの連続ジャンプでやや乱れたが、全体的にジャンプは好調だった。

平昌五輪へ向け日本が最大3枠を目指す、国・地域別出場枠も懸かる大会。各国のライバル選手とのレベルの高い争いに羽生は「やるべきことはやってきた」と自信をのぞかせた。

30日、世界選手権第2日には男子ショートプログラムが行われた。羽生は98・39点で5位と振るわず、「非常に悔しい。ふがいない。経験がなぜこんなに生かされないのか。4回転サルコーは軸が後ろに倒れていた。結果が出ないと、練習してきたとは言えない」と語った。

4月1日、世界選手権最終日は男子フリーが行われた。ショートで5位と出遅れた羽生だったが、フリーでは223・20点と世界歴代最高点を記録し、見事に逆転。3年ぶり2度目の優勝を果たした。

「演技内容を忘れるくらい一つ一つに集中していた。ジャンプ、演技、完成度のためにできる一番いいパターンだった。このフリーは自分への最高のご褒美。限界を高められる練習をしてきたことが一番の収穫」

2日、世界選手権を優勝で終えた羽生はヘルシンキで取材に応じ、「ハイレベルな戦いの中で勝ち切れて、達成感はある」と改めて喜びを語った。

ショート5位から大きく巻き返し、世界歴代最高を更新する完璧なフリーで逆転。「4本の4回転などジャンプが全てきれいに決まって、プログラムの流れも一度も途切れなかったことが評価された」と話し、今季初めてミスなく滑り切ったフリーでの演技に満足していた。

世界選手権の男子は4人（羽生、ネーサン・チェン、宇野昌磨、ハビエル・フェルナンデス）

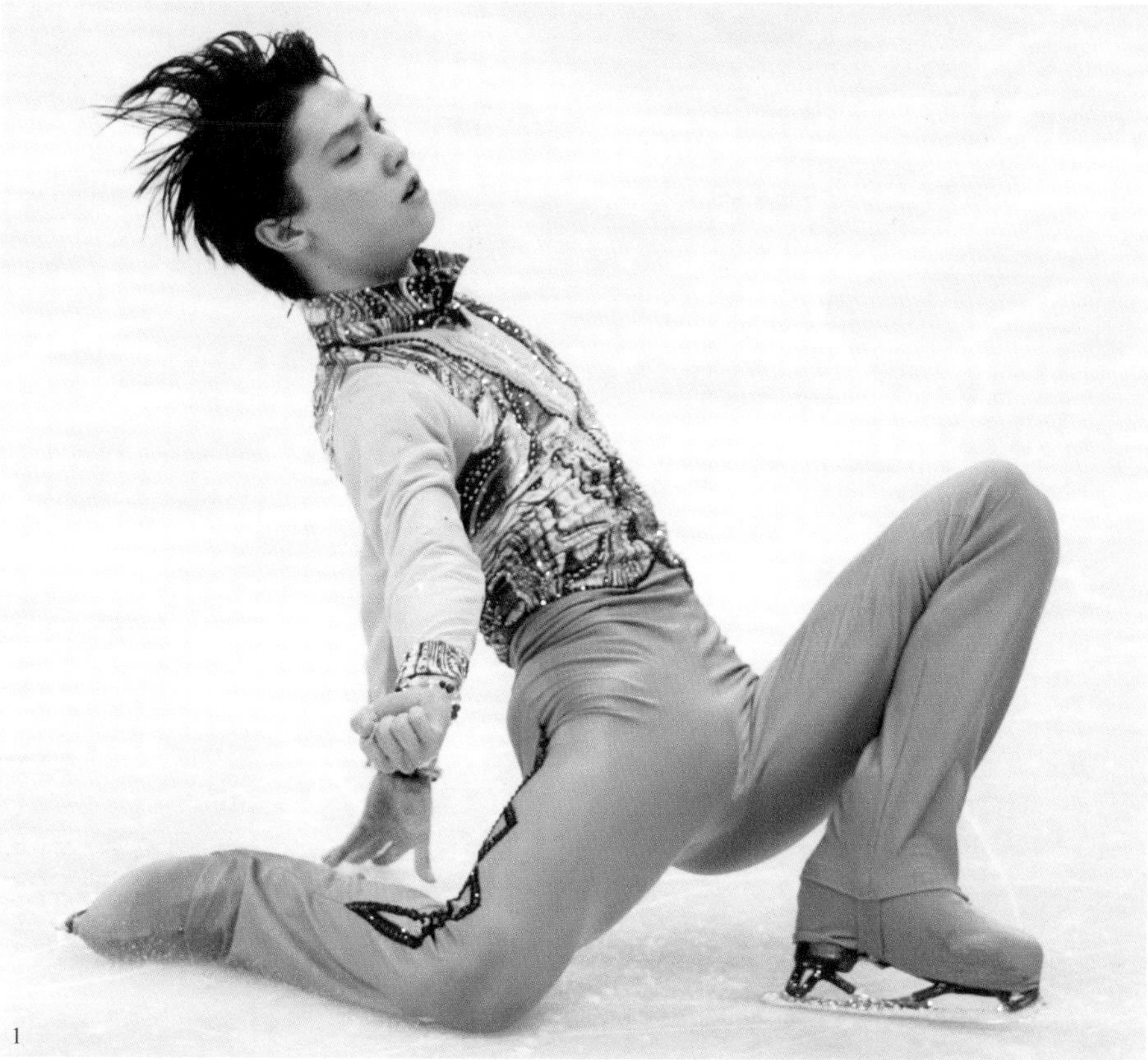

1.世界選手権・男子ショートでの演技（2017年3月30日）　2.男子フリーで演技する羽生　3.表彰台で笑顔を見せる羽生（ともに2017年4月1日）

上:世界選手権・男子フリーで演技する羽生結弦　下:エキシビションで演技する羽生（いずれも2017年4月1日）

が300点を超すハイレベルな戦いとなり、熾烈な4回転ジャンプの争いは、主に技の完成度が勝敗を分けた。

羽生はフリーを完璧に滑り、ミスはショートプログラムでの一つだけ。技の出来栄え点（GOE）は合わせて全選手トップの29・28点だった。4回転は3種6本。この難度の構成をまとめれば敵はいない。フリーではステップに切れを欠き、スピードも抑えめだったが「ジャンプ、演技、完成度のためにできる一番いいパターン」と羽生自身が語るように、体力も含めたバランスを重視した戦略が奏功した。

4回転は、失敗すれば大きな減点につながる危険と背中合わせ。来年の平昌五輪では種類と本数だけでなく、完成度とのバランスが表彰台へのカギを握る。

2017

仙台市に記念モニュメント

宮城県仙台市が設置した記念モニュメントの前で笑顔を見せる、フィギュアスケート五輪金メダリストの荒川静香と羽生結弦（2017年4月16日）

4月16日、フィギュアスケートの五輪金メダリストの荒川静香、羽生結弦の功績をたたえる記念モニュメントの除幕式が行われた。

2人が育った仙台市が作製し、日本のフィギュア発祥の地とされる五色沼最寄りの市営地下鉄東西線国際センター駅前（仙台市青葉区）に設置。除幕式には金メダリストの2人も出席し、約700人のファンが詰め掛けた。

モニュメントは2人の演技をする姿が描かれたガラスパネルで、荒川は「とても光栄。仙台から活躍する選手がたくさん育ってほしい」と笑顔で語った。

羽生は「選手はいつか引退するが、モニュメントはずっと残る。これを見て、新たな金メダリストが出てきてほしい」と期待を込めた。

2017

世界国別対抗戦で優勝

4月20日、第5回世界国別対抗戦が東京・国立代々木競技場で開幕し、日本は初日の男女ショートプログラムとアイスダンスのショートダンスを終え、首位に立った。順位点の合計44点でロシアと並んだが、大会規定により上回った。

男子ショートプログラムで羽生結弦はジャンプが乱れて83・51点にとどまり、7位だった。

翌21日、世界国別対抗戦第2日、日本は男子フリーで羽生が1位となり初日の首位を保った。2位はアメリカ、3位がロシアだった。

前日のショートで7位と振るわなかった羽生は、ミスもあったが3種類の4回転を4度着氷して200・49点をマークした。

22日、世界国別対抗戦最終日、日本は109点で3大会ぶり2度目の優勝を果たした。ロシアが105点で2位、3連覇を狙ったアメリカは97点で3位だった。

羽生はフリーで4回転を5本組み込んで4度着氷。そのうち三つを得点の増す演技後半に入れた意欲的なプログラムで1位となり、「久しぶりに難しいことに挑戦して、やりたいことをできて楽しかった。五輪前のいい収穫」と振り返った。

エキシビションの練習では、まだ決めたことがない4回転のルッツ、フリップに挑み、ルッツは一度耐えて着氷した。

しかし、平昌五輪のある来季に向けては「構成を大きく変える予定はない。気持ち良く跳べるものを増やし、出来栄え点(GOE)を上げて演技をきれいに通したい」と話し、4回転の種類を増やすことには慎重な姿勢を示した。

1.世界国別対抗戦で優勝し、喜ぶ羽生結弦ら選手たち(2017年4月22日) 2.男子フリーでの演技を終え、歓声に応える羽生(2017年4月21日) 3.男子ショートの演技を終え、宇野昌磨らに手を合わせる羽生(2017年4月20日)

2

3

上下:エキシビションで演技する羽生(ともに2017年4月23日)

2017

JOC杯受賞／新プログラム披露

上：祝賀会で写真に納まる日本スケート連盟の橋本聖子会長、羽生結弦ら選手たち（2017年4月27日）
下：「ファンタジー・オン・アイス2017」に出演する羽生（2017年5月26日）

4月27日、日本スケート連盟の2016～17年シーズン表彰祝賀会が都内で開かれ、最優秀選手に当たるJOC杯はフィギュアスケート男子の羽生結弦、スピードスケート女子の小平奈緒（相沢病院）が受賞した。

世界選手権のフリーで世界歴代最高点をマークし、逆転優勝した羽生は「世界選手権でいい演技ができたので、そういう演技を安定してできるようにしたい。スケートへの本能をむき出しにしてやっていけたら」と、来年の平昌五輪への向上を誓った。

5月26日には、羽生は千葉市で行われたアイスショー「ファンタジー・オン・アイス2017」でショートプログラムの新プログラムを披露した。4回転ジャンプはループ、トーループの2種類。冒頭に単発で跳んだループは回転が抜けるミスとなったが、得点の増す演技後半に4回転－3回転の連続トーループを組み込む意欲的な構成に挑んだ。

カナダ・トロントで練習する羽生結弦（2017年8月8日）

2017

フリーに再び「SEIMEI」を選曲

8月8日、羽生結弦が練習拠点のカナダ・トロントで練習を公開し、フリーに映画『陰陽師』の曲「SEIMEI」を2季ぶりに使うことを明らかにした。

2015～16年シーズンに当時のフリー世界歴代最高点を出した和風の曲で、「滑っていて心地よく、余計なことを考えなくていい」と選曲した理由を述べた。

4回転ジャンプはループ、サルコー、トーループの3種類を5本。そのうち三つを得点の増す後半に組み込む難度の高い構成で臨む。

練習ではパートごとに曲をかけて確認。4回転は序盤のループとサルコーを決め、後半もトーループからの3連続を含む三つともきれいに着氷した。

ショパン作曲「バラード第1番」を使うショートプログラムと合わせ、いずれも合計330・43点を出した2季前の再演だ。

「自分がどう見せたいか、どう演じたいかをより深められるようになってきている。試合で見た時、またかと思わせないような演技をしたい」と話した。

平昌五輪まであと半年。「もちろん連覇したい気持ちはある」と決意を込めた。

M E M O

5月26日、羽生結弦が五輪シーズンのショートプログラムにショパン作曲「バラード第1番」を使用することが明らかになった。

2014～15年、15～16年と2シーズン続けてショートプログラムで使った曲で、15年12月のグランプリファイナルでは世界歴代最高の110.95点をマークした。3シーズンで同じ曲を3度使用するのは異例だが、関係者は「（五輪では）4年間で一番いい作品をやるべきだ」と話した。

練習場に入る羽生（2017年8月8日）

2017

スケート教室で指導

上：スケート教室に参加し子供たちを指導する様子
下：神奈川区制90周年記念事業のイベントで演技を披露する羽生結弦（ともに2017年8月16日）

8月16日、羽生結弦が横浜市内のイベントに参加。スケート教室で約70人の子供たちを指導し、「たくさん転んでもOK。失敗しないように工夫して頑張ってください」と激励した。

会場の横浜銀行アイスアリーナは、2011年に東日本大震災で仙台市内のリンクが使えなくなった際に練習を積んだ場所だ。「ここを借りて、何とかスケートを続けられた」と、羽生は感謝の気持ちを示した。

ジュニア時代まで指導した都築章一郎コーチは「小さい頃から大きな目標のために努力してきた。それが実を結んでいる」と目を細めた。

かつてエキシビションで使った曲「花になれ」で演技を披露し、4回転トーループとトリプルアクセル（3回転半）を決めて観衆を沸かせた。連覇を狙う来年2月の平昌五輪について、「しっかり練習を重ねて、五輪へ向けて頑張る」と話した。

上：オータム・クラシックの男子ショートプログラムで演技する羽生（2017年9月22日）　下：男子フリーで5位、総合2位となった羽生（2017年9月23日）

2017

オータム・クラシックで2位

　9月22日、カナダのモントリオールで開催されているオータム・クラシックで、男子ショートプログラムが行われた。今季初戦に臨んだ羽生結弦が世界歴代最高の１１２・７２点をマークして首位に立ち、２０１５年のグランプリファイナルで出した自身の１１０・９５点を更新した。

　平昌五輪で2連覇を目指す羽生は、冒頭の4回転サルコーを着氷させると、後半のジャンプも続けて成功させた。

　23日にはフリーが行われ、羽生は昨日のショートとは一変して、１５５・５２点の5位と振るわず、合計２６８・２４点で2位だった。ショートで2位につけたスペインのハビエル・フェルナンデスがフリーでは1位となり、逆転優勝した。

「もどかしい悔しさ。本来の構成ではなく、余計な力が入り過ぎた。悔しさという大きな収穫を手に入れることができた」と羽生は試合を振り返った。

オータム・クラシック
の男子フリーでの演技
（2017年9月23日）

2017

ロシア杯で2位

ロシア杯・表彰式でメダルを手にする男子2位の羽生(2017年10月22日、ロシア・モスクワ)

10月20日、グランプリシリーズ第1戦ロシア杯第1日、男子ショートプログラムが行われた。羽生結弦は94・85点にとどまり、2位発進となった。

冒頭の4回転ループで着氷が乱れて回転不足となり、後半に4回転トーループとの連続ジャンプで跳んだ3回転トーループで転倒した。

翌21日　ロシア杯最終日には男子フリーが行われた。ショートプログラム2位の羽生は195・92点で1位。しかし、合計得点では290・77点で、2位に終わった。昨季の四大陸選手権覇者、アメリカのネーサン・チェンがグランプリシリーズ初優勝を果たした。

羽生は冒頭で自身4種類目の4回転となるルッツを決めたが、ループが3回転になり、サルコーも着氷が乱れた。後半に予定した3連続ジャンプの1本目で4回転トーループが2回転になるなど、ミスが重なって得点を伸ばせなかった。

上:ロシア杯・男子ショートの演技を終えた羽生結弦（2017年10月20日）　下:男子フリーで演技する羽生（2017年10月21日）

フリーで4回転は4種類を5度跳んで、2度しか決まらなかったが悲壮感はない。「滑り込みが足りないだけ。ジャンプをどう曲に溶け込ませて跳ぶか」と修正点はわかっている。新たな種類を組み込めばリズムをつかむのに時間はかかる。

ルッツにめどが立ったのは大きい。男子の激しい4回転争いの中で、今季5度に増やしたフリーでジャンプ構成の難度が上がり、基礎点がさらに上積みされた。

ルッツを入れれば相乗効果が生まれる。高い加点を計算できる得意のトリプルアクセル（3回転半）を2度組み込むことができるからだ。

フリーで繰り返し跳べる3回転以上のジャンプは規定で2種類まで。5度跳ぶ4回転の種類を四つに増やしたことで、2度入れるのは1種類でよくなった。

合計で世界歴代最高点を出した2シーズン前の4回転は2種類。昨季ループを加えた。ルッツを入れなくても完成度で十分勝負できるが、羽生は「スケートをやっている意味がなくなる」と言う。

戦略にたけたオーサー・コーチがルッツ投入に難色を示しても説き伏せた。あくまで挑み続ける道を選ぶ。

エキシビションでの演技
(2017年10月22日)

2017

公式練習で足を負傷しNHK杯欠場

NHK杯・公式練習のジャンプの着氷でバランスを崩し転倒する羽生結弦（2017年11月9日）

11月9日、グランプリシリーズ第4戦NHK杯の公式練習中、羽生結弦が足を負傷した。午後の練習で、グランプリシリーズ第1戦ロシア杯のフリーで初めて成功させた4回転ルッツで転倒した際、右足首をひねったとみられる。

羽生はリンクから一度離れた後に再び戻ったが、フリーの曲がかかった練習ではジャンプを一つも跳ばず、練習時間が終了する前に足早に切り上げた。

その後、大阪市内で開かれた大会の記者会見を欠席。日本スケート連盟関係者は「現在、治療中。けがの内容や、明日以降（の出場可否）について医師から連絡が入っていない」と話した。

練習では序盤から4回転ジャンプの調子が思わしくなく、ループで2度続けて転倒し、サルコーは回転が抜けるなどミスが目立った。

翌10日、羽生は右足首負傷のため、大阪市中央体育館で始まったNHK杯を欠場した。右足関節外側靱帯損傷と診断され、全治までの期間は不明。連覇を目指す平昌五輪出場へ向け、大きな試練に立たされた。

M E M O

羽生の今季グランプリシリーズは第1戦ロシア杯2位のみ。NHK杯欠場により、シリーズ成績上位6人で争うグランプリファイナル（12月、名古屋市）には進出できなくなり、最多記録の連覇は4で止まった。

羽生は「NHK杯出場を目指して、昨夜から懸命な治療をしていただいたが、残念ながら医師の最終判断で欠場することになった。今後、治療に専念し、全日本（選手権）に向けて頑張る」と日本スケート連盟を通じて談話を出した。

公式戦大会記録

月	大会名	合計	SP	FS	開催地
2	平昌五輪	317.85（1位）	111.68（1位）	206.17（2位）	韓国・江陵
9	オータム・ クラシック	263.65（1位）	97.74（1位）	165.91（2位）	カナダ・ オークビル
11	GP フィンランド大会	297.12（1位）	106.69（1位）	190.43（1位）	フィンランド・ ヘルシンキ
11	GP ロシア杯	278.42（1位）	110.53（1位）	167.89（1位）	ロシア・モスクワ

2018

五輪連覇を目指し出発

笑顔で練習に臨む羽生結弦（2018年2月12日、韓国・江陵）

2月11日、平昌五輪のフィギュアスケート男子で2大会連続金メダルを狙う羽生結弦（ANA）が、練習拠点のカナダ・トロントから韓国入りした。

仁川（インチョン）空港に到着した羽生は「どの選手よりも一番勝ちたいという気持ちが強くあると思うし、ピークまで持っていける伸びしろがたくさんあると思う。頂点を追いながら頑張っていきたい」と連覇への意気込みを語った。

昨年11月、グランプリシリーズNHK杯の公式練習中、4回転ルッツの着氷に失敗して転倒。右足関節外側靱帯損傷と診断され、腱と骨の炎症も併発した。リハビリを経て1月上旬から練習を再開し、羽生は「出られない試合もたくさんあったし、もどかしい気持ちでいた。実際に試合の場に来られたことをうれしく思う」と述べた。

公の場に姿を現したのは約3カ月ぶり。空港にはファンと報道陣約100人が待ち受けた。

2月12日、羽生は本番会場サブリンクで、現地入りしてから初めて練習した。公式練習は午後7時すぎから40分間組まれていたが、15分の軽めの調整で引き揚げた。4回転ジャンプは跳ばず、最後にトリプルアクセル（3回転半）を着氷させた。

ジャンプは1回転が中心。トーループ、サルコー、フリップ、ルッツ、ループ、アクセルの順に踏み切りと着氷の感覚を確かめ、最後に跳んだトリプルアクセルは着氷からの流れはやや欠いたものの、力強いジャンプだった。

練習後は報道陣に「お疲れ様です。ありがとうございました」とだけ言葉を残した。

翌13日、平昌五輪へ向け、本番会場で記者会見した羽生は、「僕を待ち望んでくれた方々に良かったと思ってもらえる演技をしたい」と話した。

この日の公式練習では右足首負傷からの復帰戦となる3日後の本番へ向け、2種類の4回転

上:平昌五輪のため韓国入りした羽生(2018年2月11日、韓国・仁川) 下:公式練習を終え、記者会見する羽生(2018年2月13日、韓国・江陵)

を計5本着氷させた。負傷していた右足首の状態も含めて「もう何も不安要素はない」と自信をのぞかせた。前日の初練習では慎重な調整にとどめたが、一夜明けて強度を高めた。

世界歴代最高の合計330・43点を出した2015年グランプリファイナルのフリーでは、4回転はサルコーとトーループで計3本だった。あれから約2年。全体の技術レベルが上がったため比較は難しいが、ある国際ジャッジは、仮に同じジャンプ構成と完成度であの演技を再現すれば、今でも合計320点近くは出ると見る。負傷前に羽生は「その構成ならほぼミスなくできる」と話していた。

40分間の練習を見る限り、サルコーとトーループは負傷前とほぼ変わらない出来だった。演技を通すスタミナ、疲れがたまる後半のジャンプの精度が未知数だが、少し光は見えてきたか。

15日には、羽生ら日本勢は、翌日のショートプログラムへ向けての最終調整を行った。羽生は約3カ月ぶりの復帰戦となる本番へ「自分の期待を超えられる演技をしたい。勝ちたい気持ちを含めて全部出す」と意気込んだ。

14日まで日本勢に金メダルが出ていないことに話が及ぶと「誰が取ろうが、僕も取る」と力強く宣言。負傷していた右足首は「問題はない」と話した。

上：平昌五輪・男子ショートプログラムを翌日に控え、公式練習で調整する羽生（2018年2月15日、韓国・江陵）　下：公式練習でコーチらと談笑する羽生（2018年2月12日）

公式練習で調整する羽生（2018年2月13日）

2018

平昌五輪でSP首位発進

1

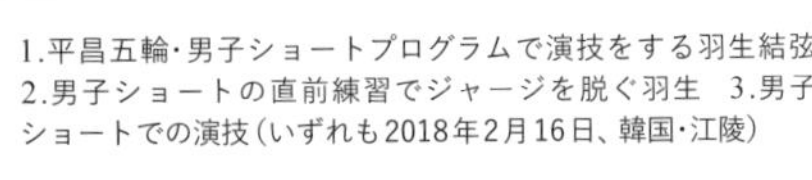

1.平昌五輪・男子ショートプログラムで演技をする羽生結弦　2.男子ショートの直前練習でジャージを脱ぐ羽生　3.男子ショートでの演技（いずれも2018年2月16日、韓国・江陵）

2

3

2月16日、平昌五輪のフィギュアスケート・男子ショートプログラム（SP）で、66年ぶりの連覇を狙う羽生結弦は111・68点をマーク。首位に立った。

羽生のライバル、スペインのハビエル・フェルナンデスが4・10点差の107・58点で、2位に。初出場の宇野昌磨（トヨタ自動車）が3位となった。

羽生は昨年11月に右足首を負傷して以来、試合から遠ざかっていた。その苦い経験を踏まえて、この日のショートの出来について次のように語った。

「特に不満な点もなくできて、非常にうれしく思っている。やるべきことはやってきた。滑れなかった2カ月間も努力を続けた。その努力を（フリーで）しっかりと結果として出したい」

男子ショートでの演技
（2018年2月16日）

2018

若き3人と追いつ追われつ——新たな時代へ扉開く

平昌五輪・男子ショートプログラムでの演技を終え、喜ぶ羽生結弦（2018年2月16日、韓国・江陵）

羽生結弦は2015年の冬、合計の世界歴代最高点を立て続けに塗り替える直前に「王者として五輪連覇するためにも圧倒的に強くならなきゃ」と語った。

330点を超えた驚異のスコアは、自分の背中を追っていた若き才能の心に火をつけた。

サルコーとトーループだけだった4回転に、中国の金博洋（ジン・ボーヤン）がルッツを、しかも連続ジャンプで加えた。ショートプログラムの2本目は得点の増す後半に跳んだ。「スケート界の将来を見ている気がする」と羽生はうずうずした。このシーズン終盤には宇野昌磨が世界で初めて4回転フリップを決めた。

ソチ五輪へ向けて当時の世界王者、パトリック・チャンの背中を追った自身の姿と重なった。「若い世代にも引き継がれている。どんどん4回転が増えていくのも（自分が残した）レガシー」

そう言いながら羽生は黙っていられず、2016年にはループを世界で初めて成功させる。「点数を上げて誰からも追随されない羽生結弦になりたい」と、4回転争いの荒波に身を投じた。

2017年四大陸選手権では、フリーで4種類の4回転を5本入れたアメリカのネーサン・チェンに屈した。「自分の限界を引き上げてくれる。追うべきものは多い」と羽生は言い、続く世界選手権に臨み、フリーの世界歴代最高点を更新して雪辱した。

いつしか男子のレベルは4年前に比べて格段に上がり、「劇的に勝ちたい。強い自分を追い掛けて、さらに難しい構成で追い抜いてやろう」と、羽生の意欲が衰えることはなかった。

勝負の五輪シーズンに4種類目の4回転となるルッツに挑んだのはその思いから。

若き3人と追いつ追われつを繰り返しながら、新たな時代の扉を開いた。

上:平昌五輪・男子ショートの演技を終えた直後の様子
下:歓声に応える羽生(ともに2018年2月16日)

五輪連覇への意気込み

平昌五輪へ臨む羽生結弦の一問一答は次の通り（2月13日）。

——負傷後、一番苦しかったことは。

体力や回転、スケートの感覚は不安だったが、つらかったことは特にない。ひたすらやるべきことをこなし、もう不安要素はない。この場所でやれることをやりたい。

——自分を疑った時期はあったか。

治るのだろうかと考えた時期はあった。ネガティブなことばかり考えていたかもしれないが、今、滑れている。それが全て。平昌という、自分が夢に描いた舞台で、夢に描いた演技をしたい。

——4回転はサルコー、トーループを練習で跳んでいた。ループも入れる可能性はあるか。

選択肢はたくさんあるし、作戦が大事。クリーンに滑れば絶対勝てる自信はある。（構成は）これから調子を上げていく中で決めていく。試合まで時間があるので有効に活用して、個人戦にピークを合わせたい。

——ジャンプを跳び始めた時期は。

トリプルアクセル（3回転半）は3週間前。4回転は2週間から2週間半前と記憶している。

——苦労して、精神的に強くなる選手は多い。

スケートをできない時期が2カ月くらいあったが、陸上でできたことや考えられたこともたくさんある。2カ月は無駄だったと思っていない。

ショートプログラムで首位に立った羽生の一問一答は次の通り（2月16日）。

——演技を振り返って。

とにかく満足という気持ちが一番。けがなく滑れることがやっぱり楽しくて、幸せで。そういうことを感じながら滑っていた。まだ明日があるので、明日が大切だなという気持ち。

——ジャンプの感触は。

練習通り、自分の体が動いていると思った。サルコーもトーループもアクセルも、何年間もずっと一緒に付き合ってくれたジャンプ。感謝をしながら跳んでいた。

——大勢の観客が応援した。

いつもたくさんの温かい声援をいただいているが、久しぶりに聞くことができて、とても力になった。帰ってきたんだなと思った。

——フリーに向けて。

僕は元五輪チャンピオンだが（ソチ五輪の）フリーでのミスが、4年間頑張って強くなった一つの要因だと思う。明日、リベンジしたい気持ちが強い。チャンピオンになりたいと言うつもりはない。ただ、自分がやるべきことをしっかりやる。

2018

五輪2連覇に歓喜

男子フリーの演技を終え、安堵した表情の羽生（2018年2月17日、韓国・江陵）

2月17日、平昌五輪第9日にはフィギュアスケート男子のフリーが行われた。ショートプログラム首位の羽生結弦は、フリーでは2位となり、合計317・85点で2014年ソチ大会に続く金メダルを獲得した。

男子フィギュアの五輪連覇は1948年のサンモリッツ、1952年のオスロ両大会を制した、アメリカのディック・バトン以来66年ぶりのこと。

羽生は今大会の日本勢金メダル第1号。さらに、冬季五輪で日本選手が個人種目で連覇を果たしたのは史上初となった。

羽生の出身地である仙台市では、パブリックビューイング会場に市民ら約1600人が詰め掛け、国旗を力いっぱい振りながら声援を送った。演技終了後、羽生の得点が示されると、祈るように見つめていた観客らは、はじけるような声を上げた。

会場には「復興の星 勇気をありがとう」と書かれた応援旗も飾られた。東日本大震災の津波で大きな被害を受けた宮城県石巻市雄勝町のNPOが作製したもので、理事を務める同町出身の男性は「すごく勇気をもらった。みんなの励みになる」と喜んだ。

羽生の母校・東北高校（仙台市）では、生徒や教職員ら約250人が演技を見守った。連覇が決まると、生徒らは「V2おめでとう」と書かれた手製のうちわを掲げて喜んだ。

東京・銀座の数寄屋橋交差点では17日午後、羽生の金メダルと宇野昌磨の銀メダルを伝える新聞の号外配布に、100人以上が殺到した。あまりの過熱ぶりに、警察官が「おめでたいことだから、けがをしないように」と呼び掛ける一幕もあった。

この日、国際オリンピック委員会（IOC）は、羽生が獲得した金メダルが、冬季五輪における通算1000個目だったと発表した。

アメリカでは、66年前に五輪2連覇を果たしたディック・バ

1.平昌五輪・男子フリーでの演技を前に、公式練習する羽生　2.男子フリーでの演技　3.フリーでの演技を終えた羽生（いずれも2018年2月17日）

トンが、自身以来となる快挙を成し遂げた羽生をたたえた。17日のフリー終了後、自身のツイッターに「ブラボー羽生、記録は並ばれるためにある」とつづった。

バトンは試合中から各選手に対するコメントを投稿。羽生については「4回転サルコーは美しく、いとも簡単に、軽やか」「ゴージャス」「音楽に合った美しい振付。素晴らしい演劇だ！」と賛辞を立て続けに書き込んだ。

銀メダルを獲得した宇野についても「力強い点火プラグのようだ」と評価。「全てのメダリストを祝福する」と一連の投稿を結んだ。

上下：平昌五輪・フリーでの演技を終えた羽生（2018年2月17日）

平昌五輪・男子フリーで演技をする羽生（2018年2月17日）

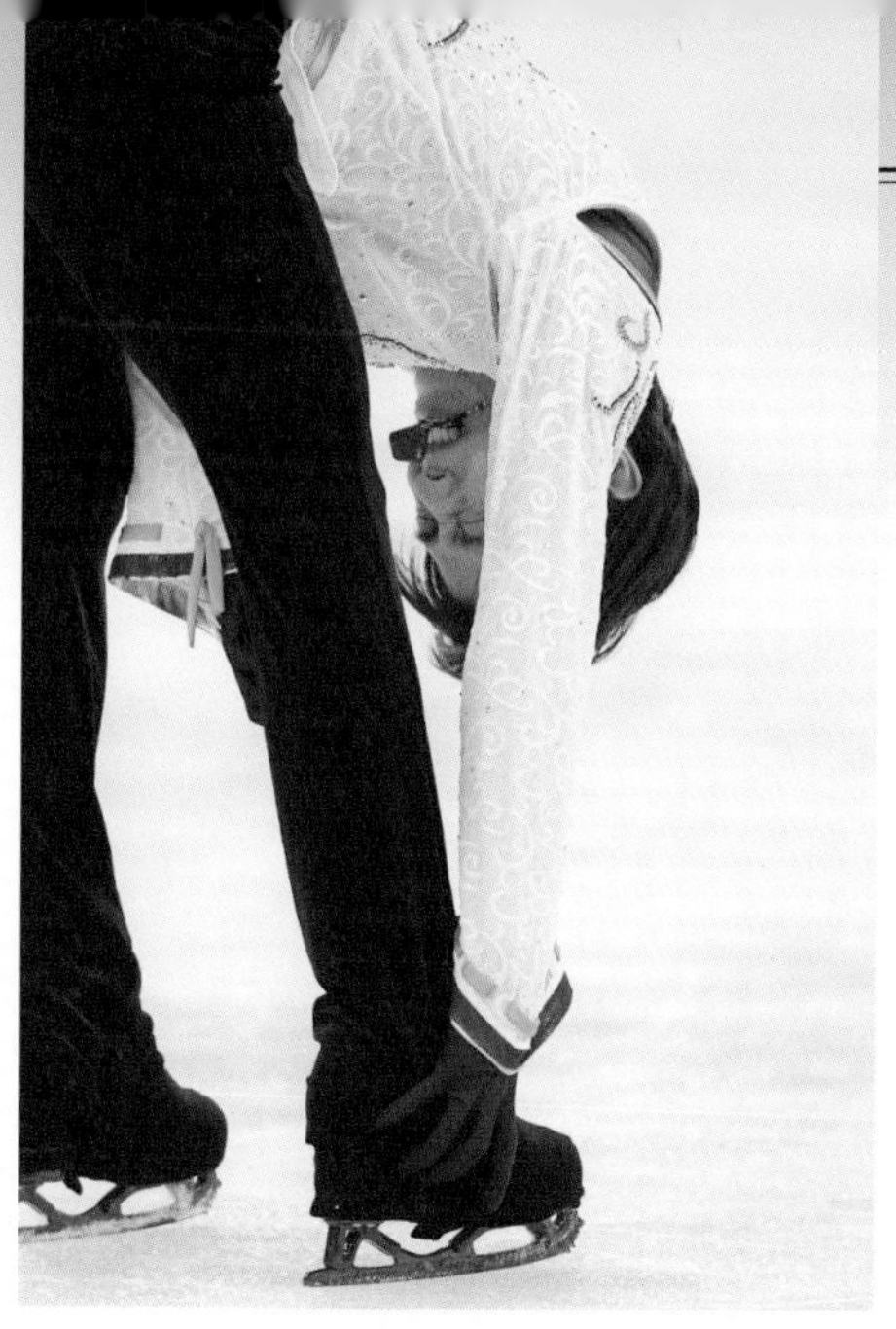

一問一答 QUESTIONS & ANSWERS 05

「何より、自分に勝てた」

フィギュアスケート男子で66年ぶりの五輪連覇を果たした羽生結弦の一問一答は次の通り。

――涙の意味は。

本当にここまで来るのは大変だった。育ててくださった方々、支えてくださった方々へ、いろんな思いがこみ上げてきた。

――演技構成を決めたのはいつか。

朝の練習前に自分で決めた。幸いにも、僕はいろんな選択肢を持っている。スケートができなかった期間があったからこそ、作戦を学び、勝つためにここへ来られた。

――演技後に、痛めていた右足首を触った。

感謝の気持ちだけ。右足が頑張ってくれた。

――人さし指を立てたのは。

勝ったと思った。ソチ五輪の時は「勝てるかな」という不安しかなかった。今回は何より、自分に勝てた。勝たないと意味がないと思っていた。この試合の結果は、これからの人生にずっとつきまとう。大事に大事に、結果を取りに行った。

――連覇への重圧に苦しんだことは。

特にない。連覇とかではなくて、この試合で勝ちたかった。

――ミスがあった中での勝因は。

やっぱりショートであれだけできたというのが大きかった。

――ソチ五輪の金との違いは。

あの時は無我夢中だった。あの演技に悔いはない。ただ、ミスがあったことは確か。それを払拭できるような演技を、何とかできてうれしい。

――練習ではフリーを通して滑らなかった。

足の状況はすごく気になっていた。最初に診断してもらった靱帯損傷だけではなく、いろんなところを痛めてしまった。体力よりもスケートへの不安、(氷に)乗ることへの不安の方が大きかったかもしれない。

――4回転の種類を増やしてきたことは今回、影響はあったか。

ルッツ、ループに挑戦してこなかったら、この構成で(ルッツ、ルー

写真:平昌五輪・男子フリーでの演技を終えた羽生(2018年2月17日、韓国・江陵)

プを飛ばず難度を）落としたという自信にならない。一つとして無駄なことはないと改めて実感させられた。

羽生結弦は2009〜10年シーズンにジュニアグランプリファイナルと世界ジュニア選手権の2冠。全日本選手権は2012年に初優勝し、4度制覇。13〜14年シーズンはグランプリファイナル、ソチ五輪、世界選手権の3冠達成。世界選手権は2度、グランプリファイナルは4度優勝した。

ショートプログラム、フリー、合計でいずれも世界歴代最高点を持ち、合計は15年グランプリファイナルで出した330・43点。16年9月に世界で初めて4回転ループを成功させた。コーチはカナダ人のブライアン・オーサー。

平昌五輪・男子フリーに出場した羽生結弦（2018年2月17日、韓国・江陵）

平昌五輪で五輪２連覇を達成した羽生結弦（2018年2月17日、韓国・江陵）

2018

冷たくて重い金メダル

上:平昌五輪・フィギュアスケート男子のメダル授与式で金メダルを手に笑顔を見せる羽生結弦　下:左から、2位の宇野昌磨、優勝の羽生、3位でスペインのハビエル・フェルナンデス(ともに2018年2月17日)

2月17日、平昌五輪・フィギュアスケート男子で連覇を果たした羽生結弦と2位の宇野昌磨が、平昌のメダルプラザで夜に行われた授与式に臨んだ。

金メダルを首に下げた羽生は「ソチの時のがむしゃらさと違って、今回は取らなければいけない使命感があった」と苦しい戦いを振り返った。

表彰式で羽生の名が呼ばれ、満面の笑みで手を振る姿が大画面に映ると、観客からひときわ大きな歓声が上がった。羽生は冬季五輪通算１０００個目の節目となった金メダルを受け取り、同じコーチから指導を受けるスペインのハビエル・フェルナンデスとも肩を組んで喜びを分かち合った。

表彰式後は右手で金メダルをさすりながら、「冷たくて重い。早くサポートしてくださった皆さん(の首)にかけたい」と語った。昨年11月の右足首負傷を乗り越え、過去の自分に言いたいことを問われると「『苦しめ』と言いたい」と笑顔を浮かべた。

平昌五輪・男子フリーでの演技後のセレモニーで、宇野昌磨と抱き合う羽生結弦（2018年2月17日、韓国・江陵）

2018

2連覇から一夜明け

2月18日、五輪連覇を果たした羽生結弦が、快挙から一夜明けて韓国・平昌で記者会見した。金メダルを胸に「取るものは取った。やるべきことはやったが、スケートでやりたいことはまだ残っている」と話し、決めれば世界初となるクワッドアクセル（4回転半）習得へ意欲を示した。

連覇を遂げた心境を「3連覇を目指すかどうかはわからないが、このタイトルには満足している」と話した。その上で「もう少しだけスケートに自分の人生を懸けたい。モチベーションは4回転半だけ」と述べ、痛めている右足首の回復を見ながら取り組んでいくことを明らかにした。

競技以外でやりたいことを聞かれると「スケートをやめる気はまだない」とした上で、「世界中を回りながら、本気で1番を目指している選手に何か手助けをしたい」と、自身が王者になる過程で学んだことを伝える仕事を思い描いた。

世界中のメディアも、66年ぶりのフィギュア男子・五輪連覇という羽生の偉業を称賛した。

五輪放映で最も影響力があるアメリカのNBCテレビは「ユヅルが冬季五輪で通算1000個目の金メダルとともに歴史をつくった」と報じ、右足首の負傷からの復帰戦だったこと、過去に連覇した選手は3人しかいないことなど快挙の価値を詳しく伝えた。

イギリスのBBC放送は、羽生のフリーの演技を公式サイトに動画で掲載。演技後、羽生のお気に入りとされる「くまのプーさん」のぬいぐるみが観客席から大量に投げ込まれたため、「プーさんが勝利を祝った」と伝えた。

フランスのAFP通信は「羽生結弦の五つのこと」と題し、仙台出身の羽生がリンクで練習中に東日本大震災に遭って恐怖を覚えたことや、度重なるけがの後、同じオーサー・コーチから指導

平昌五輪・記者会見で金メダルを掲げる羽生（2018年2月18日）

上：平昌五輪・男子ショートに臨む羽生（2018年2月16日、韓国・江陵）　中：お互いの健闘をたたえ合うフェルナンデスと羽生（2018年2月17日）　下：男子ショートの羽生の演技後に投げ込まれ、リンク脇に回収されたたくさんのぬいぐるみ（2018年2月16日）

を受けて銅メダルを獲得したスペインのハビエル・フェルナンデスとの絆などを紹介。「氷上のプリンス」とたたえた。

韓国メディアも大きく扱い、朝鮮日報や聯合ニュースなどが「フィギュア・キング」「フィギュアの皇帝」などと見出しを立てて詳報した。

平昌五輪・フィギュアスケート男子のセレモニーで、日の丸を手に笑顔を見せる優勝した羽生結弦（2018年2月17日、韓国・江陵）

2018

完成度の勝負／白鳥に思い乗せ……

2月17日まで行われた平昌五輪・フィギュアスケート男子は、羽生結弦が66年ぶりの連覇を果たした。

4回転ジャンプはサルコーとトーループの2種類にとどめ、ショートとフリーで計6本跳んで5本を決めた。ここ3シーズン、種類も本数も増えてきた4回転争い。最後は完成度が勝負を決めた。4種類を持つ羽生は本番3カ月前に負傷した右足首の負担を考えてルッツは避け、ループも結局外した。決めた5本の4回転は加点が満点の3点と2点台後半。

ショート100点台の4人（羽生、ハビエル・フェルナンデス、宇野昌磨、金博洋）を比べると、羽生は技術要素の加点、表現力などを評価する演技構成点ともショートプログラムとフリーの合計でトップだった。確実できれいに跳べる4回転を適度に組み込んで、演技を崩さない戦略が実った。

スペインのフェルナンデスは2種類で羽生より少ない5本。羽生を上回るには、全てのジャンプをまとめるしかなかった。フリップなど3種類を6本入れた宇野はフリーのループで尻をつき、ルッツなど3種類6本の中国の金はフリーのトーループで転倒。羽生よりも基礎点の高い4回転を跳んで1種類多く入れたが、ミスで加点が伸びなかった。

5位に終わったアメリカのネーサン・チェンはフリーで4種類6本に挑んで5本を決め、羽生を9点近く上回ったが、ショートプログラムでの出遅れが響いた。

羽生は「選択肢がたくさんあり、けがをしたからこそ作戦を学べた。サルコーとトーループでショートプログラムを評価してもらえたから、こういう（構成の）決断になった」と振り返った。

今季は全体的に4回転争いが落ち着き、種類、本数ともやや減らしてまとめる傾向にあった。ミスを抑えて加点を稼ぐこ

1.フィギュアスケート男子を終え、健闘をたたえ合う(左から)金メダルの羽生、銅メダルのフェルナンデス、銀メダルの宇野　2.平昌五輪・男子フリーでの演技(1.2.ともに2018年2月17日)　3.平昌五輪のエキシビションでの演技(2018年2月25日)　4.平昌五輪・男子ショートプログラムで演技する羽生(2018年2月16日)

2

1

3

4

とが問われ、そうなると羽生が強かった。

2月25日にはフィギュアスケートのメダリストらによるエキシビションが行われ、羽生らが熱戦の余韻が残るリンクで華麗に舞った。

羽生は全選手の最後に登場。サン・サーンス作曲「白鳥」をモチーフにした曲「ノッテ・ステラータ（星降る夜）」を選び、情感を込めて滑った。

スピードと高さのある豪快なトリプルアクセル（3回転半）を跳び、つま先を180度開いて上半身を反らせて滑るイナバウアーで大きな歓声を誘った。

2018

平昌五輪閉幕、笑顔で凱旋帰国

日本記者クラブで記者会見する羽生結弦（2018年2月27日、東京都千代田区）

2月25日、第23回冬季五輪平昌大会は、韓国の平昌五輪スタジアムで閉会式が行われ、17日間の冬の祭典が幕を閉じた。

日本勢はメダル13個（金4、銀5、銅4）と史上最多記録を更新。メダル争いのランキングではノルウェーが39個で1位、ドイツが31個で2位、日本は11位だった。

26日、日本選手団本隊が、韓国・江原道（カンウォンド）にある襄陽（ヤンヤン）空港から帰国の途に就いた。五輪連覇を遂げた羽生結弦は、「閉会式は楽しかった。聖火が感慨深かった」と笑顔。選手団主将を務め、スピードスケート女子で金、銀1個ずつのメダルを獲得した小平奈緒（相沢病院）も、リラックスした様子で航空機に乗り込んだ。

帰国後、羽生らメダリストが東京都内で記者会見した。羽生は「連覇は大変だったが、皆さんの応援とともに取れた。今の自分の幸せが皆さんの幸せになればと思っている。スケート競技でメダルが多かったことが誇らしい」と感謝の意を述べた。

27日、平昌五輪の日本選手団は解団式を終え、続いて東京ミッドタウンに一般観衆約5000人を集めて行われた帰国報告会に臨んだ。羽生らがステージに上がると、肌寒かった屋外の会場が熱気に包まれ、大きな拍手に包まれた。

この日、羽生は都内各所で引っ張りだこの1日を過ごした。午前9時すぎから日本選手団の解団式と帰国報告会に参加。さらに文部科学省で鈴木大地スポーツ庁長官と懇談し、「日本のフィギュアのリンクは世界でも少ない方。学びやすい環境を整えてほしい」と訴えた。日本外国特派員協会では右足首のけがについて質問され、「20～30％ほどしか痛みは落ちていないけれど、痛み止めを使って金メダルを取れた」と説明。英語を交えながらアクセルジャンプについて解説し、「夢

1.大勢のファンが出迎える中、平昌五輪から帰国した羽生結弦ら（2018年2月26日、千葉・成田空港） 2.韓国・襄陽空港で撮影に応じる羽生と小平奈緒（2018年2月26日） 3.平昌五輪の閉会式で入場する羽生（2018年2月25日）

である4回転アクセルを成功させたい」と語った。

続いて日本記者クラブで記者会見に臨んだ羽生は「自分もいろんな方から影響を受けた。僕がきっかけとなって、人生や考え方が少しでもいい方向に向く人がいればとても幸せ」と述べ、「自分自身を貫けば後悔は絶対にしない。そういう生き方をしてほしい」とファンにメッセージを送った。

記者会見の1時間後には所属先の全日本空輸（ANA）本社に向かい、拍手で迎えた社員60人に笑顔で「ただいま」とあいさつ。最後まで疲れた様子を見せず、大忙しの1日を終えた。

4.日本外国特派員協会で記者会見する羽生結弦（2018年2月27日、東京都千代田区）　5.メダリストらと記者会見する羽生（2018年2月26日、東京都港区）　6.平昌五輪の帰国報告会で、ファンの歓声に応える羽生（2018年2月27日、東京都港区）

2018

アイスショーをプロデュース

上：アイスショーのグランドフィナーレで観客にあいさつする羽生結弦ら　下：アイスショーでの演技を終え、観客に手を振る羽生（いずれも2018年4月13日）

4月13日、羽生結弦は東京都内でのアイスショー出演後に取材に応じ、来季はグランプリシリーズを含むシーズン序盤から出場する意向を示した。

「今の自分の気持ちとして、意欲的になるべくたくさん試合に出たい」と話す羽生は、右足首の負傷を乗り越えて平昌五輪を制した後、3週間は安静にし、3月下旬から氷上に乗ってリハビリを開始。「ステップやスピンでは痛みを感じない」という。右足への負担が大きいループ、フリップ、ルッツ以外のジャンプは練習を再開し、右足での着氷も問題ないとのことだ。

東京・武蔵野の森総合スポーツプラザで行われたアイスショーは自らプロデュース。自身の過去のプログラムをメドレー形式で披露し、けがからの順調な回復ぶりを示した。

ジュニアより年少のノービス時代の「ロシアより愛を込めて」、シニア1年目の「ツィゴイネルワイゼン」を滑った後、平昌五輪のショートプログラムで演じたショパン作曲「バラード第1番」で、終盤の見せ場でもあるステップを華麗に演じた。

2018

仙台で10万8000人が連覇を祝福

4月22日、平昌五輪で連覇を果たした羽生結弦の祝賀パレードが、出身地の仙台市で行われた。前回のソチ五輪後に行った際の観客数を1万6000人上回る約10万8000人が沿道に詰め掛け、快挙を祝福した。

気温24度の青空の下、羽生の車は午後1時半に市中心部からスタート。沿道に手を振るなど、さまざまな身ぶりで大歓声に応えながら1・1キロのコースを約40分回った。

家族と訪れた仙台市在住の10歳になる少年は、「初めて近くで見た。かっこよかった」と笑顔。岡山県から駆け付けた40代の女性は、パレードの記念Tシャツを着て朝6時半から沿道に並んだそうで、「みんなの熱気がすごかった。遠かったが、念願のパレードを見られて良かった」と興奮気味に話した。

パレード後の記者会見で羽生は、「温かい目や『おめでとう』の声が脳裏に焼き付いた。地元だからこその光景だったと思う」と振り返り、「ありがとう、と伝えたい気持ちでいっぱい」と話した。

上:祝賀パレードで沿道からの歓声に応える羽生結弦　下:祝賀パレードを終え、記者会見で笑顔見せる羽生(いずれも2018年4月22日)

2018

園遊会に出席

4月25日午後、天皇、皇后両陛下主催の春の園遊会が、東京・元赤坂の赤坂御苑で開かれた。

平昌冬季五輪で活躍した羽生結弦らメダリストのほか、国民栄誉賞を受賞した将棋の羽生善治、囲碁の井山裕太ら約1900人が出席し、両陛下や皇族方が声を掛けて回られた。

天皇陛下からけがについて尋ねられた羽生は、「練習できない期間にも学べることがたくさんあった」と振り返り、解剖学や体の動かし方を勉強していたと説明した。

陛下は「非常に進歩があったわけですね、その間にね」とうなずき、「いい成果を上げてね、本当におめでとう」と祝福した。

上:春の園遊会で、平昌五輪のメダリスト羽生結弦らと歓談される天皇、皇后両陛下　下:春の園遊会でツーショットを披露する、羽生善治と羽生(いずれも2018年4月25日)

2018

紫綬褒章、国民栄誉賞W受賞

国民栄誉賞の表彰式を終え、報道陣の取材に応じる羽生結弦（2018年7月2日）

4月28日、羽生結弦はソチ五輪を制した2014年に続く、2度目の紫綬褒章を受章した。「非常に光栄で身が引き締まる思い。重みをすごく感じる。そういう成績を収めることができたと改めて実感した」と思いをかみしめた。

平昌五輪3カ月前に右足首を負傷しながら復活して連覇。「4年間頑張ってきたことが積み重なって金メダルにつながり、こうして表彰された。自分自身を誇り、恥じないような生き方をしなくてはいけない」と口元を引き締めた。

6月1日、紫綬褒章に続いて国民栄誉賞の受賞が決まり、羽生は日本スケート連盟を通じてコメントを発表。「名誉ある賞をいただき身に余る光栄」と喜びを表した。

2011年の東日本大震災で避難生活を余儀なくされたが、サポートを受けてスケートを続けた。「被災された方々からのたくさんの激励や思い、一人の人間として育ててくれた全ての方々の思いが詰まっている」と語った。そして、「期待を背負い、まだ続く道を一つ一つ丁寧に感じながら修練を怠らず日々前に進んでいく」と、一層の精進を誓った。

7月2日には、国民栄誉賞が授与された。出身地・仙台の伝統織物のはかま姿で首相官邸での表彰式に臨んだ羽生は「達成したいことなどいろいろある。試合まで準備を整え、体を磨きつつ頑張っていきたい」と今後への意欲を語った。

安倍晋三首相は「国民の期待は高い。さらに頑張っていただきたい」と激励した。羽生には表彰状と盾が贈られたが、受賞者に与えられる記念品は本人が辞退した。

「自分だけで取れた賞ではない。賞の名に恥じない生き方をする。これからさらに身を引き締めたい。日本人として誇りを持って、海外にも目を向けてスケーターとして滑っていきた

上：安倍晋三首相から国民栄誉賞の盾を授与される羽生　下：国民栄誉賞の表彰式を終え、報道陣の取材に応じる羽生（いずれも2018年7月2日）

い。賞をいただいたことで、少しでも（東日本大震災の被災地の人々が）希望を抱けるきっかけになればいい」

国民栄誉賞は1977年に創設。スポーツや芸術の分野でこれまでに25人と1団体が受賞しており、羽生は個人26人目で最年少。冬季競技からは初めての受賞となった。

M E M O

国民栄誉賞受賞が決まった羽生結弦が、日本スケート連盟を通じて発表したコメント全文は以下の通り。

大変名誉ある賞をいただき、身に余る光栄です。

私がスケートを続けていられることも、日本のフィギュアスケートがこれほど脚光を浴び続けていることも、フィギュアスケート界の偉人の方々がこれまで切り開いてくださったからこそだと感じております。そして、冬季競技として、今回の平昌五輪において、多くの方々の素晴らしい活躍があったからこそとも感じております。

また被災された方々からのたくさんの激励や思い、今まで一人の人間として育ててくださった全ての方々の思いがこの身に詰まっていることを改めて実感し、その思いが受賞されたのだと思っています。

皆さまの期待を背負い、まだ続く道を一つ一つ丁寧に感じながら、修練を怠ることなく、日々前に進んでいきます。この賞が被災地やスケート界にとって明るい光になることを願っております。

育ててくださった方々、いつも応援してくださっている皆さまに心からの感謝を申し上げます。本当にありがとうございます。

一問一答

QUESTIONS & ANSWERS

06

国民栄誉賞を受賞して

国民栄誉賞を受賞した羽生結弦の一問一答は次の通り。

——受賞した気持ちは。

恐縮の気持ちが強い。期待に応えられるだけの努力をし、技術、芸術を持っていなくてはいけない。さらに身を引き締めて頑張っていきたい。

——どういうスケーターになりたいか。

素晴らしい賞をいただき、スケーターとしても人間としても普通ではいけない。後ろ指をさされない生き方をし、賞の名に恥じないスケートをしていく。

——次の目標は。

けがの具合も少しずつ良くなり、できるジャンプや技が増えてきている。自分の体と相談しながら試合に向けて準備を着々と進めていければ。

——次の五輪へ向けて。

特に考えていない。今は自分がやりたいこと、スケートを通じて磨いていきたいこと、成長していきたいことを納得できるようにやりたい。

——スポーツ界でやりたいことは。

トップに立ちたいと思っている世界中の選手の支援をできる立場になれればと思う。五輪で2連覇し、皆さまの評価をいただけたからこそできることが絶対にある。僕にしかできないこと、僕しか感じてこられなかったこと、僕しか学べなかったことを伝えていけるような存在になりたい。

——東日本大震災の被災地の方々へ。

自分を通じて皆さまの心が一つになれるような存在になっていきたい。

写真:国民栄誉賞表彰式で取材に応じる羽生(2018年7月2日、都内・首相官邸)

2018

復興庁から特別感謝状

上：吉野正芳復興相から特別感謝状を贈呈された羽生結弦（2018年7月2日、東京都千代田区）　下：平昌五輪・フィギュアスケート男子のメダル授与式での羽生（2018年2月17日、韓国・平昌）

復興庁は7月2日、平昌冬季五輪で連覇し、この日国民栄誉賞が授与された羽生結弦に特別感謝状を贈呈した。

吉野正芳復興相は、「被災地の方々に夢と希望とそして元気を与えてくれた」と称賛。羽生は「復興の力と言っていただけるのは、僕を応援してくれるたくさんの方々の力があったからだと、心から日々感謝している」と笑顔を見せた。

2011年の東日本大震災で避難生活を余儀なくされたが、さまざまなサポートを受けながらスケート競技人生を続けてきた仙台市出身の羽生は「自分の結果やスケートが復興の力になるようにさらに努力を続けて、自分を高めていきたい」と語った。

東日本大震災の被災3県の特産品である「紫根染名刺入れ」（岩手）、「玉虫塗ボールペン」（宮城）、「会津桐の宝石箱」（福島）も贈呈された。

2018

オータム・クラシックで優勝

オータム・クラシック・男子ショートプログラムでの演技を終えて笑顔を見せる羽生結弦（2018年9月21日）

9月20日、羽生結弦はカナダ・オークビルでのオータム・クラシックで今季の初戦を迎えた。この日は公式練習に臨み、4回転ジャンプはループ、サルコー、トーループの3種類を難なく着氷させた。

昨季負傷した右足首が癒え、2月の平昌五輪以来となる実戦。「試合勘や調子の整え方を試したい。勝ちたいと思っているが、良い演技をするのが目標」と狙いを語った。

翌21日、男子ショートプログラムが行われた。羽生は97・74点を獲得し、首位発進した。

2種類の4回転、トリプルアクセル（3回転半）とジャンプはまずまずだったものの、スピンで一つの要素が0点になるなど精彩を欠いた。

22日には男子フリーが行われ、羽生は165・91点で2位となったが、合計263・65点で優勝を決めた。

フリーでは4度予定していた

上:公式練習で調整する羽生(2018年9月20日)　下:男子フリーでの演技(2018年9月22日)

4回転ジャンプのうち、序盤に挑んだ単発のループとトーループをきれいに決めた。しかし、中盤のサルコーは転倒。後半に予定したトーループは抜けて2回転になり、いずれも連続ジャンプにできず得点を取りこぼした。

M E M O

今季からのルール変更で、フリーは演技中に跳べるジャンプの本数が8本から7本に減り、演技時間が30秒短縮されて4分になった。「大変だと思うが、丁寧にやりたい。(プログラムに)溶け込んだようなジャンプを跳べたら」と羽生は話す。

約2カ月前の練習で痛めた右手小指はまだ赤く腫れているが、「演技には支障がない」と不安を打ち消した。4回転トーループからトリプルアクセルにつなげる珍しい連続ジャンプも試し、「僕らしいジャンプ」と楽しんでいた。

2018

フィンランド大会で優勝

グランプリシリーズ第3戦フィンランド大会のエキシビションに登場した羽生結弦（2018年11月4日、フィンランド・ヘルシンキ）

11月3日、グランプリシリーズ第3戦フィンランド大会は、羽生結弦が男子ショートプログラムでルール改正後の世界最高点となる106・69点をマークし、首位に立った。

冒頭の4回転サルコー、トリプルアクセル（3回転半）のジャンプを成功させると、後半は4回転－3回転の連続トーループで着氷。ステップも情熱的に演じ、2位に大差をつけた。

翌4日には男子フリーが行われ、羽生はショートとの合計297・12点と他を圧倒し、2シーズンぶりのグランプリ制覇を果たした。ショート、フリーともに今季世界最高点をマークし、まさに圧勝だった。

五輪連覇を達成した平昌以来の実戦だった9月のオータム・クラシックで失敗した4回転トーループ－トリプルアクセルの連続技も、今回のフリーでは着氷させたことが大きな得点源となった。

他の選手が「まねできない」と驚く組み合わせを羽生は短期間で仕上げた。その背景にあるのが、4回転ジャンプの最高峰で決めれば世界初となる大技、クワッドアクセル（4回転半）挑戦を中断したことだった。

優勝したが内容が低調だったオータム・クラシックで、意識が変わった。「今、こんなこと（4回転半）を練習している場合じゃない」。

今季から規定が変わり、技を評価する出来栄え点（GOE）が11段階に拡大した。「やはりノーミスじゃないといけない」と羽生は再認識。精度のよしあしがより得点に反映されるのを肌で感じ、新技の習得よりも演技の完成度を高めることに集中した。

1.男子フリーでの演技（2018年11月4日） 2.男子ショート前の羽生（2018年11月3日） 3.表彰式で金メダルを持つ羽生（2018年11月4日）

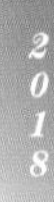

ロシア杯で優勝——日本男子最多のグランプリ通算10勝目

ロシア杯・男子フリーで演技する羽生結弦（2018年11月17日、ロシア・モスクワ）

11月16日、グランプリシリーズ第5戦ロシア杯の男子ショートプログラムが行われた。羽生結弦は、優勝した第3戦のフィンランド大会でマークした自身の今季世界最高点を更新する110・53点で首位に立った。

「スコア以上に自分の感覚がすごく良かった。今日の演技ならミスなしと胸を張れる。この構成では実質的にほぼマックス（の得点）。表現面でもすごくうまくできた」と語る羽生は、日本男子最多となるグランプリ通算10勝目を懸け、17日のフリーに臨む。

翌17日、ロシア杯最終日には男子フリーが行われた。午前の公式練習で4回転ループを跳んだ際に転倒して右足首をひねり、不安があった羽生だったが、痛み止めの注射を打って滑り切った。ショートに続いてフリーでも1位となり、合計278・42点で優勝した。

羽生は今回の勝利で、日本男子最多となるグランプリ通算10勝目を挙げた。第3戦のフィンランド大会に続く連勝で、シリーズ成績上位6人で争うグランプリファイナル（12月、カナダ・バンクーバーで開催）進出を2季ぶりに決めた。

「フリーは情けない演技だったので申し訳ない気持ち。頑張ったかなと思うが、やっぱり足首が緩い。やれることはやったかなというのと、やれなかった部分もあったので、そこが良い課題になった」と、羽生は今日の試合を振り返った。

18日、ロシア杯中に右足首を負傷した羽生について、日本スケート連盟の小林芳子フィギュア強化部長がモスクワで取材に応じた。日本チームに同行している医師による触診で、右足首の外側と内側の両方を痛めていることが判明したという。

小林部長によると、羽生は「グランプリファイナルに向けて全力で治療する」と話している。診断名は「前下脛腓靭帯損傷」「三角靭帯損傷」「腓骨筋腱損傷

疑い」の三つ。全治までの期間は現時点で不明。羽生は17日に、医師から3週間は安静が必要と告げられたことを明らかにしていた。

表彰式には両手で松葉杖をついた状態で出席。スケート靴を履かず、リンクに敷かれたカーペットの上を歩いて表彰台の中央に立ち、観客の歓声に笑顔で応えた。

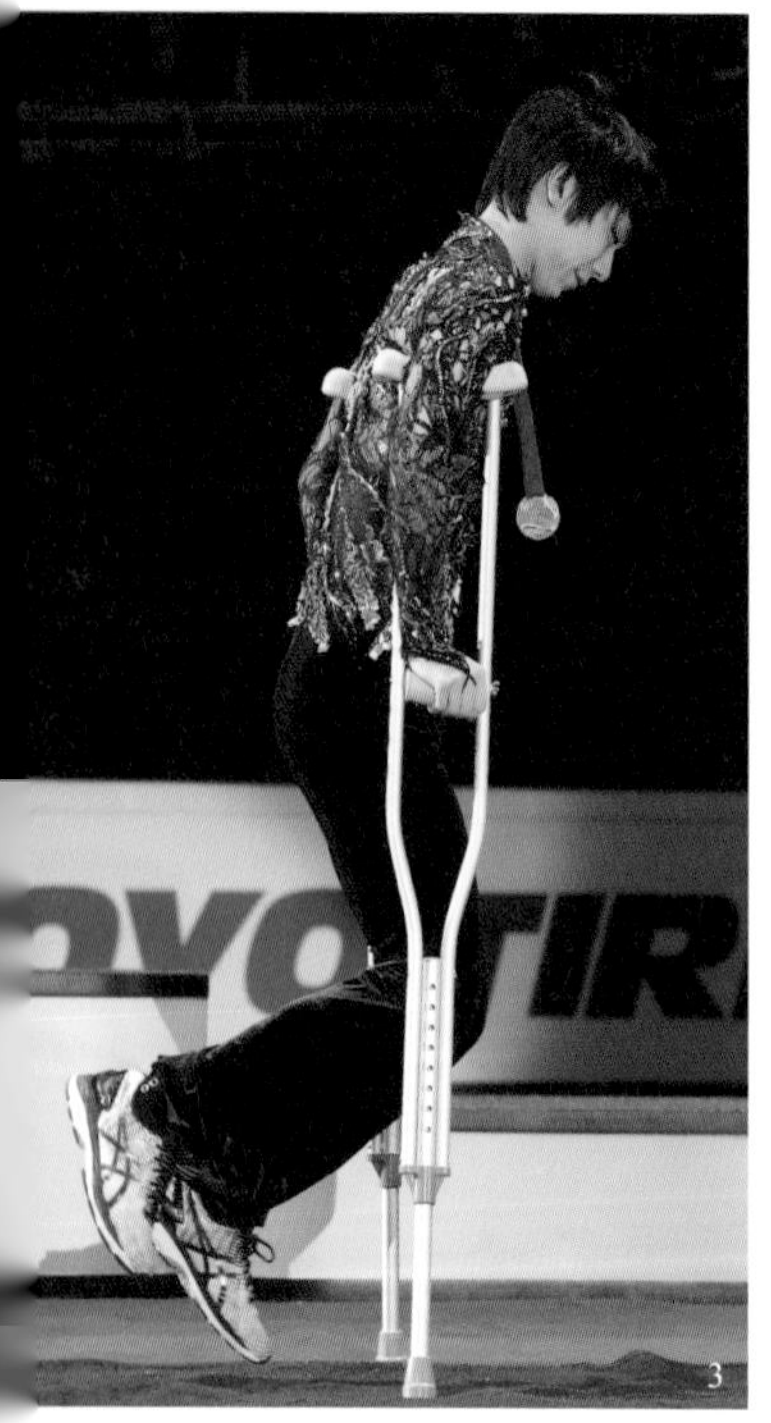

1.ロシア杯・男子ショートの演技を終えた羽生（2018年11月16日）　2.フリーでの演技を終え、リンクを出る羽生（2018年11月17日）　3.表彰式を終え、松葉杖をついて会場をあとにする様子（2018年11月18日）

2018

グランプリファイナル、全日本選手権を欠場

痛み止めの注射を打ってロシア杯・フリーの演技をする羽生（2018年11月17日、ロシア・モスクワ）

日本スケート連盟は11月29日、羽生結弦が右足首負傷のため、グランプリシリーズの成績上位6人で争うグランプリファイナル（12月6〜9日）を欠場することが決まったと発表した。

11月中旬に開かれたグランプリシリーズ・ロシア杯の公式練習で、羽生は4回転ループの着氷に失敗して転倒し、右足首を負傷していた。負傷から3週間は安静にして患部を固定し、その後のリハビリ加療に約1カ月を要すると診断されていた。

12月13日には、全日本選手権（12月20〜24日）も欠場することになったと発表された。

羽生は「全日本選手権に向けてできることを尽くしたが、出場することができず非常に悔しく思う。今後どうなるかわからないが、一日でも早く痛みや制限がなくなって競技に復帰できるよう努めていく」とのコメントを出した。

これで、羽生の全日本欠場は3年連続となる。2017年の世界選手権、18年の平昌五輪はいずれも特例措置により日本代表に選ばれ、ともに優勝した。

12月24日、全日本選手権の最終日に男子フリーが行われ、世界選手権の代表選手が決まった。欠場の羽生も代表に選ばれたのは、これまでの世界選手権での実績を考慮されてのことだ。

羽生は日本スケート連盟を通じて、「世界選手権に間に合うように頑張って調整する」とコメントした。

M E M O

羽生結弦は今季世界最高の合計297.12点を持ち、世界選手権代表の選考基準の1項目を満たしていた。

代表入りには全日本選手権出場が条件だが、連盟の選考基準では世界選手権3位以内の実績を持つ選手が負傷などのため出られない場合に選ぶことがあると定めており、羽生はこれに該当する。

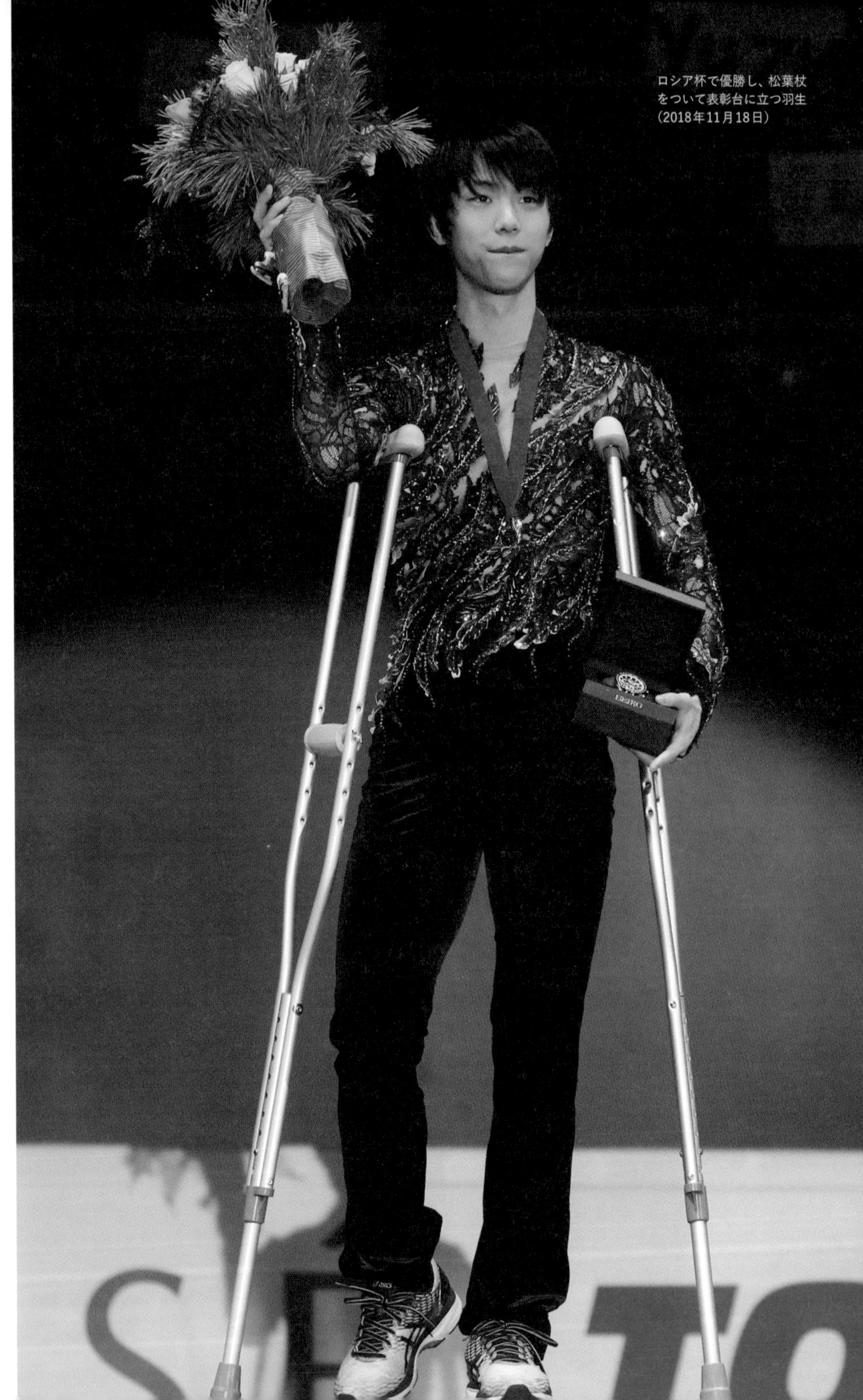

ロシア杯で優勝し、松葉杖をついて表彰台に立つ羽生（2018年11月18日）

公式戦大会記録

月	大会名	合計	SP	FS	開催地
3	世界選手権	300.97（2位）	94.87（3位）	206.10（2位）	埼玉
9	オータム・ クラシック	279.05（1位）	98.38（1位）	180.67（1位）	カナダ・ オークビル
10	GP スケートカナダ	322.59（1位）	109.60（1位）	212.99（1位）	カナダ・ケロウナ
11	GP NHK杯	305.05（1位）	109.34（1位）	195.71（1位）	北海道
12	GPファイナル	291.43（2位）	97.43（2位）	194.00（2位）	イタリア・トリノ
12	全日本選手権	282.77（2位）	110.72（1位）	172.05（3位）	東京

2019

国民栄誉賞の表彰式に向かう羽生結弦（2018年7月2日、都内・首相官邸）

2019

初の1位「好きなスポーツ選手」

２０１９年3月、笹川スポーツ財団は、全国の18歳以上を対象に昨年実施した「好きなスポーツ選手」の調査結果を発表した。

平昌五輪フィギュアスケート男子で連覇を果たした羽生結弦（ＡＮＡ）が、２００２年の調査開始以来初の1位となった。

2位は野球の大谷翔平（エンゼルス）、3位は同じく野球のイチロー（マリナーズ）とアメリカ・大リーグ勢だった。

調査は２０１８年7〜8月に行い、３０００人のうち２３３７人から回答を得た。

前回16年の調査で4位だった羽生の支持率は4・6％から10・6％にアップし、女性からの支持は18・7％に上った。

年代別でも、イチローが1位だった30、40代以外で羽生が最多の支持を集めた。

2019

世界選手権で4カ月ぶりに復帰

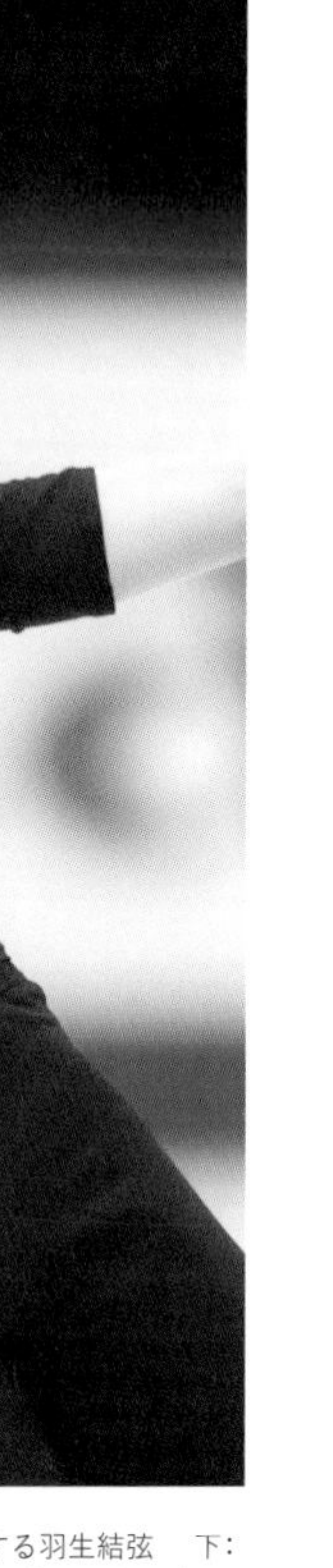

上：世界選手権で練習する羽生結弦　下：世界選手権に向け練習に臨む羽生とブライアン・オーサー・コーチ（ともに2019年3月19日、さいたまスーパーアリーナ）

3月19日、世界選手権の公式練習が行われた。右足首負傷から約4カ月ぶりに復帰する羽生結弦はループ、サルコー、トループの4回転3種類で着氷するなど好調ぶりをうかがわせた。

羽生は練習後の記者会見で「勝つということが一番大切。競技者として持っていなくてはいけない」と話し、2年ぶりの優勝を強く意識した。

トループから始まり、サルコー、ループと4回転はよどみなく、軌道も回転も美しい。

羽生は確かな感覚を取り戻していた。朝の公式練習で35分、観客席を埋める人々の多くの視線を心地よさそうに浴びながら滑った。

昨季、連覇を遂げた平昌五輪も右足首負傷からの復帰戦だった。離脱期間は今季の方が約1カ月長いが「経験をうまく生かせた」という。

試合に出られない期間の日々の過ごし方や気持ちの持っていき方も、負傷明けの苦しさも知っていた。

復帰までの道のりや現状を冷静に振り返りながらも、内なる思いはやはり隠せない。「勝ちたいという欲求が煮えたぎっている」という激しいフレーズを使った。

相手に勝つだけでなく、自分にも。空白の時を経て、求めるものがまた一段上がった。

2019

「頭が真っ白に」SP3位発進

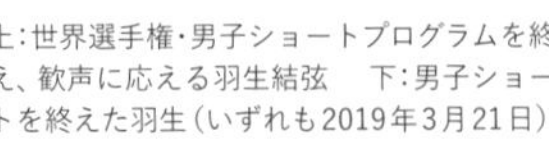
上：世界選手権・男子ショートプログラムを終え、歓声に応える羽生結弦　下：男子ショートを終えた羽生（いずれも2019年3月21日）

3月21日、世界選手権第2日が、さいたまスーパーアリーナで行われた。

男子ショートプログラム（SP）で羽生結弦は94・87点で3位発進となった。冒頭に予定した4回転サルコーが2回転となり、点数を取りこぼした。

羽生のサルコーが2回転で抜けた瞬間に、会場を埋め尽くした観衆がぐっとうめいた。負傷から約4カ月ぶりの復帰戦。羽生の胸中はざわついていた。「久しぶりに頭が真っ白になった」と振り返った声は、押し込めた悔しさからか少し震えた。

ショートプログラムの曲が鳴り、動き出しから心なしか滑りにスピードがなかった。

最終組の1番手。直前の6分間練習が引っ掛かっていた。4回転サルコーの軌道になかな

男子ショートの冒頭のジャンプでバランスを崩す羽生（2019年3月21日）

か入れず、ようやく跳んだら着氷が乱れた。

心に残った小さなもや。「無駄に不安な要因をつくってしまった感じ。ワタワタしてしまった。王者らしくいなくてはいけない」と悔やんだ。

ロシア杯で右足首を痛めた昨年11月以来のリンク。自らをせかさず、それでいてイメージトレーニングで気持ちを高めてきた。公式練習でも4回転をよどみなく、サルコーは特に切れていた。

「気張り過ぎたかな」。心のコントロールは難しい。締めのポーズを解いても、表情はなかった。

コーチの待つリンクサイドへ戻る道すがら、ふーっと大きく息を吐き出して、気づかないくらいの動きで小さく首を振った。足首も技術も問題ない。「信じ切るべきだった」と何度か繰り返した。

「練習してきたことを信じ切れなかったのが大きな要因。（サルコーは）6分間練習が不安材料になった。正直悔しい。この悔しさをフリーに使う」

2019

世界選手権は総合2位

3月23日、世界選手権最終日には男子フリーが行われた。

ショートプログラム3位の羽生結弦はフリーで206・10点を出し、合計300・97点をマークしたが、2位にとどまり逆転はならなかった。優勝はアメリカのネーサン・チェン。日本男子は来年の出場枠最大3を確保した。

今大会を振り返って、羽生は次のように語った。

「300（点）をちょっと超えただけでは勝てない。地力が足りない。彼（チェン）へのリスペクトがあるからこそ勝ちたい。ショート、フリーをミスなくやってもぎりぎり勝てなかったかな。完全に実力不足。得点源のジャンプをもっと増やさないと」

羽生のコーチ、ブライアン・オーサーは「興奮するような、素晴らしい演技だった。ショートは残念だったが、しっかりと復活した。いつも通りの、みんなが期待している演技をしてく

れた。次のシーズンは、けがなしでいきたい」と総括した。

世界選手権・男子フリーでの演技を終えた羽生結弦（ともに2019年3月23日、埼玉・さいたまスーパーアリーナ）

2019

戻ってきた先の高い壁

1.世界選手権・男子フリーでの演技を終え、得点を待つ羽生結弦　2.世界選手権で2位になり、歓声に応える羽生　3.表彰式で日の丸を広げ撮影に応じる羽生（いずれも2019年3月23日、埼玉・さいたまスーパーアリーナ）

とてつもなく高いレベルの争いの末に羽生結弦は敗れた。

フリーと合計で今季世界最高を出した余韻が残る世界選手権のリンクで、直後にネーサン・チェンがそれを塗り替えた。ショートプログラムでの差をさらに広げられ22・45点差。羽生は自身との戦いには勝ったものの、衝撃の敗戦。「完全に実力不足。地力が足りない」と潔かった。

フリー冒頭で4回転ループを決めた。「跳ばなくてはいけない使命感がある」と、こだわっていた3種類の4回転。今季のルールで、フリーは3種類を入れないと4本跳べない。チェンらとの優勝争いには不可欠だったが、決めても及ばなかった。

4回転サルコーが回転不足になり、ステップはレベル3で最高難度を逃した。チェンは表現力をさらに増し、ルッツ、フリップを含む4回転、苦手だったトリプルアクセル（3回転半）の精度も高めてきた。

上：表彰式に臨む2位の羽生結弦（右）と優勝のネーサン・チェン（2019年3月23日）　下：エキシビションでの演技（2019年3月24日）

4回転サルコーが抜けたショートも含め、完璧に滑っても「ぎりぎり勝てなかったかな」と羽生は語る。来季の挑戦を明言しているクワッドアクセル（4回転半）に加え、「得点源を増やさなくては」と4回転のルッツ、フリップへの意欲も口にした。

演じ終えた瞬間に、解き放たれたような表情で大観衆に向かって「ただいまー」と叫んだように見えた。苦しい負傷を乗り越えて羽生は確かに戻ってきた。そこにはまた、五輪連覇の王者を待ち受けるように、別の高い壁がそびえていた。

3月24日、世界選手権の上位選手らによるエキシビションがさいたまスーパーアリーナで行われ、男子で銀メダルの羽生らが華麗な演技で観客を魅了した。

羽生は前向きに大きく跳び上がってから少し遅れて体を1回転半させるディレードアクセルも披露。白地に淡い桜色をあしらった衣装で「春よ、来い」のメロディーに乗せて踊った。

2019

4回転争い激しく――6種類「全部、やる気」

世界選手権の表彰式に臨む2位の羽生結弦（2019年3月23日、埼玉・さいたまスーパーアリーナ）

3月24日まで行われた世界選手権で、羽生結弦は合計300点を超えたが、結果は2位に終わった。来季は4回転ジャンプの争いがさらに激しくなる。

1位のネーサン・チェンとは22・45点差。技術点で埋めるには2度失敗した4回転サルコーを決めて、さらに出来栄え点（GOE）を約10点積み上げる必要があった。羽生もそれをわかっているから現状にとどまるつもりはない。来季は既に決めたルッツに加え、フリップとクワッドアクセル（4回転半）を含む6種類の4回転を「全部、やる気」と語った。

1年前に平昌五輪で連覇を遂げた直後には4回転半だけがモチベーションと語っていたが、レベルの高い争いに敗れて心境は変わった。「スポーツはやっぱり楽しい。強い相手を見た時に、ぞわっとするような感覚をもっと味わいつつ勝ちたい。そのためにアクセル（4回転半）もある」

2019

新モニュメント設置／ショーで4回転トールループ着氷

4月29日、フィギュアスケート男子で五輪を連覇した羽生結弦の功績をたたえるモニュメントの除幕式が、出身地である仙台市の国際センター駅前で行われた。高さ2・3メートル、幅1・6メートルのガラス製パネルは、2017年に設置された06年トリノ五輪女子金メダルの荒川静香、羽生のモニュメントの隣に新設された。

羽生は出席しなかったが「フィギュアスケートの発祥の地といわれる五色沼の近くに、自分のモニュメントが増えたことを大変うれしく思う」とコメントを寄せた。

除幕式にはフィギュアスケートの練習に励む子供たちが出席。羽生は「日々の努力が必ず成長につながる。いろんなことに挑戦し、頑張ってください」とエールを送った。

5月24日、羽生は千葉市内で行われたアイスショーに出演した。オープニングで4回転トーループを難なく着氷させ、負傷していた右足首の回復が順調であることをうかがわせた。

羽生は大トリで登場。ロックバンド「X JAPAN」のボーカル・Toshl（龍玄とし）の曲「マスカレイド」に合わせて滑り、トリプルアクセル（3回転半）をきれいに着氷。フィナーレで果敢に挑んだ4回転ルッツは転倒した。

羽生は3月の世界選手権で2位。4月の世界国別対抗戦は欠場し、右足首の治療に努めていた。

上：アイスショーで演技する羽生結弦（2019年5月24日、千葉・幕張イベントホール） 下：新設されたモニュメント

オータム・クラシックで優勝した羽生結弦（2019年9月14日）

2019

今季初戦でオータム・クラシックで優勝

9月14日、カナダのオークビルでオータム・クラシックの男子フリーが行われた。今季初戦の羽生結弦が180・67点でショートプログラムに続いて1位となり、合計279・05点で優勝した。

ショートは冒頭の4回転サルコーで転倒したが、トリプルアクセル（3回転半）はジャッジ7人のうち4人が出来栄え点（GOE）で5点満点。4回転トーループ－3回転トーループもきれいに決めた。

フリーは4回転ループ、4回転サルコーと冒頭から2本のジャンプで着氷が乱れる出だし。その後はトーループで回転不足を取られるミスもあったが、トリプルアクセル－2回転トーループの連続ジャンプなどで得点を重ねた。

12日の公式練習後の取材では、4回転半の回転力を上げるため、サルコーとトーループの2種類の5回転を練習していることも明らかにした。

「ぶざまな姿は見せたくない」

～羽生結弦が語った今シーズンと、その先～

五輪連覇の羽生にとって、雪辱と挑戦の2019～20年シーズンが始まった。昨季世界選手権でネーサン・チェンに大差で敗れ、前人未到のクワッドアクセル（4回転半）を含む全6種類の4回転ジャンプへの意欲を口にしてから約半年。オータム・クラシックは制したが、ショート、フリーとも4回転ジャンプが乱れた。

今季はオフに恒例としてきたトロントでの公開練習を行わなかった。プログラム曲やジャンプ構成、新シーズンへの思いなどがベールに包まれ、オータム・クラシックでの「肉声」に注目が集まっていた。大会終了後の合同インタビューでの言葉から今季と、その先への思いが見えた。

――初戦を終えて見えた課題は。

ノーミス以外は敗北みたいな感覚が常につきまとった状態で試合をしている。また新たなプレッシャーと戦いながら試合ができた。試合ごとに違った緊張感や、体調や、そういったものが存在すると思う。これまでの経験を生かして、うまく対処しながらいい演技を目指したい。

――今季、新しいジャンプは。

（フリーは）後半に4回転を3本跳ぶ構成で。グランプリシリーズの間に、ルッツを入れるか入れないかを考えながら練習したい。（後半の4回転3本は）サルコー、トーループ、トーループかな。4回転5本でいけるようにはしたい。

――4回転半も入れるか。

跳べれば。跳べるという感覚が、試合で跳べる感覚なのか、練習で一発たまたま跳べるという感覚なのか。とりあえず試合で成功できるレベルに達して、それから完成度を上げていって、ちゃんとGOEを取れるレベルにまでしていかないと試合には入れられない。けがのリスクもある。試合と両立してトレーニングをしていかなくてはいけない。

――4回転トーループからの3連続では、フリップを跳ぶ新しい組み合わせも。

写真：オータム・クラシックで合同インタビューに答える羽生（2019年9月14日、カナダ・オークビル）

1点でももぎ取ろうと思っているので、どこからでもいろいろなジャンプを跳べるように心掛けて練習している。

――4回転トーループ－3回転半は入れないのか。

得点としてうまみがあまりない。納得する出来を昨シーズンにできたので、まあいいかなと。

リカバリーとして使えるジャンプではあるので、最終的にアクセルが1回しか入らないような状態になった場合は最後に持っていくことも可能なように。それを頭の中に置きつつ練習して、さらにいい精度、完成度で跳べるようにしたい。

――新しいジャンプへの挑戦が多い。

今のジャンプ構成と、完成形の目指している構成は違う。具体的にはまだ言わないが、だからこそいろいろなジャンプの練習をしなくてはいけない。最終的に「Ｏｒｉｇｉｎ」と「秋によせて」の完成形のためにも、難しいジャンプをもっとやっていかなくてはいけない。

――挑戦への原動力は。

この二つのプログラムを完成させたいというのが一番。もちろん勝たないと意味がないが、その上で自分が求めるクオリティーの、自分が求めるジャンプ構成でやりたい。

――世界選手権でチェンに敗れた。あの点差を埋めるには。

ベースバリュー（基礎点）を上げるしかない。やはりＧＯＥを取ってなんぼ。ＧＯＥの限界もあるし、そこには人の評価軸も存在する。結局は難しいものを跳んでなんぼなんだなという感じ。

――フリーで4回転5本。チェンに勝てる構成か。

自分ができうる最大限の構成を常に考えている。もちろん世界選手権のジャンプ構成が彼（チェン）の全てではないし、もっと上げようと思えばいくらでも上がると思う。彼が最大限やってきた時に勝てる状態にしないと駄目。

――昨季は4回転トーループ－3回転半を基礎点8割でもやった。

平昌五輪が終わってすごくフワフワしていたんだなと思う。（当時は）4回転トーループ−3回転半をやってみて、しっかりきれいに決めたい、公式記録として初めて決めた人間になりたいという気持ちが強くあった。そこは納得できたというか、消化できたかな。

――勝ちにこだわる自分に戻った。

そうですね。もちろん勝ちたいという気持ちは強い。やはり武器としての（クワッド）アクセルは早く手に入れなくてはいけない。その前の段階としてまずはルッツを。だいぶ使える感覚ではある。その時々で必要か、やるべきかを踏まえて入れられるようにしたい。

――今、4回転半はどの段階か。

とりあえず、回って、こけている。回るだけでいっぱいいっぱいなところはまだ少しある。

試合とトレーニングを両立させなくてはいけないからこそ、試合に集中するべき時は試合に集中して、時間と余裕があったらアクセルの練習をするという形。

――フリップもやっている。アクセルも含め全種類の4回転を？

そこまではまだ考えてない。フリップを跳びたいと思うことはあるが、自信を持って「これが正しいフリップです」と言えるようなフリップではないので、ちょっとわからない。

最終的にアクセルまで跳べて、自分にも余裕があって、公式の記録として全種類（の4回転）を跳べましたというのがほしいと思ったらフリップを入れる。

――欲は出てくる。

アクセルの壁が思ったより分厚くて、まだ苦戦している。今は4A（4回転半）をやっているし、そのために生きている。本当は自分の体のことなどを考えなくてはいけない。けががあまりにも多いので。やはり自分の体だからこそできるジャンプ、自分の演技の中だから見えるジャンプというのを追求しながら、高い難易度を目指してやっていきたい。

――4回転半のために生きている日々とは。

まあ、修行僧みたいな感じ。だからパパラッチの方とかが来ても面白くないんだろうなと思う。リンクに行って、練習して、帰ってきて、ご飯を食べて、トレーニングして、お風呂に入って、寝る、みたいな。

――今季と、その先のシーズンも。

やれることをやってという感じ。できることはその時々で限られるので、それをやりつつ、結果としてそうなったらという感覚でいる。まだ成長できる余地があると感じながら練習している。

写真：オータム・クラシックで優勝した羽生結弦（2019年9月14日、カナダ・オークビル）

一時期、厳しいなと思った時もあった。（クワッド）アクセルの壁があまりにも分厚かったので。できるようになるのかと思ったが、今は意外とできそう。いろいろ試しながら強くなれたらいい。

──厳しいと思った時期はいつか。

去年のオータム・クラシックの前後。（クワッド）アクセルをやっている場合ではない、となった時があった。ハーネスでは降りていたが、ハーネスなしで回る気配がなかった。

──4回転半を決めたら辞めるか。

わからないですよ。フリップをやるかもしれない。

──2022年北京五輪は。

そのままやっていたら出るし、負けるくらいだったら辞めろと思っている。ぶざまな姿は絶対に見せたくない。それまでやっているんだったら、4Aを目指しながら全種類のクワッドも目指してやっているんだと思うし、今もその気持ちで練習している。明言はできないが、常に強い自分でありつつ、その先にそれがあったらみんなうれしいかなと思う。

──ぶざまな自分は見せたくない。

羽生結弦終わったな、みたいな感じで言われるのは絶対に嫌なので。だから今日（のフリー）も自分の中では頑張ったなとは思っていたが、やっぱりああいう点数とかを見ると、かっこ悪いなとすごく思っている。

──ぶざまな自分とは、どんな。

「ＳＥＩＭＥＩ」と「バラード第1番」のときのノーミスした感覚や、（17年）ヘルシンキ世界選手権の「ホープ&レガシー」の感覚を追い求めて、あの完璧だった自分を超えたいという欲がものすごくある。それができたときにやっとアスリートとしていい形だったなと思えるのでは。それ以外は全部かっこ悪い。

──北京五輪、どれくらい明確に。

競技生活の延長線上にあるくらい。今のところ、猛烈に出たいとか、そこで勝ちたいという気持ちでいるわけではなく、とにかく（クワッド）アクセルを跳べた上で「Ｏｒｉｇｉｎ」を完璧にしたい。

──そのゴールに到達した先は。

平昌五輪を取って、辞めて、1年間プロになってしっかり稼いで、みたいなことを小さい頃はずっと思っていた。平昌が終わって（クワッド）アクセルをやるかみたいな感じで、なあなあな気持ちで始めてしまって。結果として、めちゃくちゃ勝負が楽しいと思ってスケートをしているが、今の自分の根底にあるのは、支えてもらっている方々の期待に応えられる演技をしたいというのが強い。それがどこまで続くのかはわからない。

──勝利への欲はどれくらい。

19歳と23歳で五輪に出て、両方とも優勝して辞めるみたいな感じで幼稚園くらいから思っていた。だから、その後はあまり勝利への欲がなかった。世界選手権で、その時点での実力差を感じて（チェンに）負けたことですごく勝ちたくなっている。

──五輪3連覇を見たい。

頑張ります。全然引退しないですからね、まだ。

2019

重圧はねのけ自己最高点、スケートカナダで初優勝

スケートカナダ・男子ショートプログラムで演技する羽生結弦（2019年10月25日）

グランプリシリーズ第2戦、スケートカナダの開幕を翌日に控えた10月24日、カナダのケロウナで行われた公式練習で、羽生結弦らがリンクの感触を確かめた。この日は練習時間が2度設けられ、羽生は午前にショートプログラム、午後にはフリーの曲をかけて滑った。

羽生にとっては、グランプリシリーズの今季初戦となる。

ショートの曲をかけた午前中の公式練習では、冒頭の4回転サルコーをしっかりと着氷させるなど調子は良さそうだ。「リズムも気持ち良く跳べていたし、すごく安心できる材料にはなる」と手応えを口にした。

9月のシーズン初戦、オータム・クラシックでは順当に優勝したが、ジャンプで失敗が目立った。今大会ではノーミスの演技を目指し、「試合のための練習を繰り返していた。自分の中ではいい調整をしてきている感覚はある」と語る。

今回は4回転ルッツを見送るという。「一番大事なのはルッツを入れることではない。ファイナルに行きたい。このスケートカナダで勝ちたいという気持ちが強い」。3シーズンぶりのグランプリファイナル進出に目標を定めた。

翌25日、男子ショートで羽生は109・60点で首位に立った。9月のオータム・クラシックで転倒した冒頭の4回転サルコーを鮮やかに決め、続くトリプルアクセル（3回転半）では出来栄え点（GOE）でジャッジ9人中8人が最高の5点をつけた。

さらに4回転－3回転の連続トーループも何とか耐えて成功。「でも、トーループは力で跳ぶしかなかった」。完璧を求めて反省の言葉が口をついた。「緊張するとわかっていたので、心のテンポを抑えながらできた。点数に関してはフリーまで終わってから考えようと思っている。（ジャンプの）レベルを落としたり、採点に影響があるクリアではないジャンプをしてし

上:男子ショートの演技を終えた羽生（2019年10月25日）　下:公式練習の様子（2019年10月24日）

まったりしたのが悔やまれる」

ステップはレベル3と判定されたものの、細やかな足さばきでファンを魅了。観衆は総立ちで拍手を送った。スコアを見れば非の打ち所がない。しかし羽生にとっては、内容も構成も理想とするものではないようだ。「これはノーミスとはまだ言えないんじゃないですか」。理想は高いところにある。

26日には男子フリーが行われた。羽生は２１２・９９点でショートに続いて1位となり、合計３２２・５９点で優勝した。フリー、合計ともルール改正後の自己最高点。2位に５９・８２点差をつける圧勝だった。

演技の終わりを告げるポーズで羽生は優勝を確信し、氷上に膝を突いたまま右の拳を握りしめた。「久しぶりに心から自分に勝てたと思える演技だった。ショートプログラム、フリーともに（調子が）そろうことが長

上:男子フリーでの演技を終え、歓声に応える羽生　下:男子フリーでの演技を終えた羽生(ともに2019年10月26日)

い間なかったので、そのことがうれしかった。スケートカナダで優勝したいという気持ちが強くあった」。

冒頭の4回転ループで着氷が乱れた。減点を覚悟する出だしだったが、難なく立て直す。続く4回転サルコーなどを決め、基礎点1・1倍になる後半には4回転トーループから3回転フリップにつなげる3連続ジャンプを披露。高いGOEを引き出し、一気に20・90点を積み上げた。

スケートカナダは4度目の出場で初優勝。大会前には「(自分に)すごいプレッシャーをかけてやってきた」と明かした。演技内容は理想とするレベルにはいかなかったが、重圧をはね返してショート、フリーともに上々の出来。カナダで勝つ目標を達成し、表情に充実感が漂った。

27日はエキシビションが行われ、羽生は金メダルを獲得した2014年ソチ五輪のショートでも使った「パリの散歩道」を披露した。

上：スケートカナダで優勝し、メダルを手に笑顔の羽生（中央）ら（2019年10月26日）
下：スケートカナダ・エキシビションで演技する羽生（2019年10月27日）

2019

NHK杯優勝、グランプリファイナル進出へ

1&2.男子ショートプログラムでの演技を終えた羽生結弦（2019年11月22日）　3.公式練習をする羽生（2019年11月21日）

グランプリシリーズ第6戦、NHK杯が11月22日に札幌・真駒内セキスイハイムアイスアリーナで開幕。前日の21日には公式練習が行われ、日本勢は男子の羽生結弦らが調整した。

グランプリ連勝と、12月にイタリアのトリノで開かれるファイナル進出が懸かる羽生は「土台をつくり、体力も整えた。思い描く演技ができたら」と抱負を語った。フリーの曲「Origin」をかけた練習で4回転はループ、サルコー、トーループを単発で着氷。4回転トーループからの3連続ジャンプでは3回転フリップがやや乱れ、トリプルアクセル（3回転半）は2本ともきれいに跳べなかった。

22日の男子ショートプログラムで、羽生は109・34点をマークし首位に立った。

羽生が戦っていたのは内なる自分だった。スケーターの顔ぶれを見れば敵はいない。ミスなく、そして質の高い技をこなして演じ切ったショート。自身の

1.男子フリーでの演技を終えた羽生　2.男子シングルの表彰台で笑顔を見せる優勝した羽生（中央）（1.2.ともに2019年11月23日）
3.男子ショートを終え、会見で笑顔を見せる羽生（2019年11月22日）

持つ世界歴代最高点には1点余り届かなかったが、「及第点を与えられる」と振り返った。「もっと貪欲に上を目指していたのでちょっと悔しいが、まずはほっとした。まだ試合の緊張感に負けている。ステップ、スピンはもっとスピードを出せた」。

ピアノ曲の「秋によせて」は中盤すぎまで重低音が響く。その中で跳んだ3本のジャンプは軽やかだった。4回転サルコー、トリプルアクセルは出来栄え点（GOE）で最高5点をつけたジャッジも。連続トーループは4回転の着氷をこらえて3回転へ。「逃げる選択肢はなかった」とねじ伏せ、スケートカナダよりGOEを上積みした。

23日、NHK杯最終日には男女のフリーが行われた。羽生は195・71点とショートに続いて1位。合計305・05点で優勝し、今季グランプリ連勝を果たした。シリーズ成績上位6人で争うグランプリファイナルへの進出も決めた。

「（冒頭の4回転）ループとサルコーをクリアできた。けがなく滑り切れてほっとした。やっ

上：男子シングルで優勝し、笑顔で撮影に応じる羽生（2019年11月23日）　下：エキシビションでの演技（2019年11月24日）

とグランプリファイナルで戦えるところまで来た」と羽生は語った。

即興でジャンプ構成を組み変えた後半は、もう楽しんでいた。4回転を4本ねじ込んで何とか300点を超えた。3連続で予定した4回転トーループが抜けると次のトリプルアクセルを4回転に変えて挽回。「ここまでできるんだぞと見せたくて。ちょっとしたおまけ」と笑った。

その遊び心が生まれたわけは、冒頭で決めた二つの4回転にある。ループとサルコー。ともに加点を引き出した。昨季からフリーの「Origin」ではずっと苦しんでいただけに「やっと課題を一つ、越えたかな」と、気持ちが晴れた。

ループは鬼門だった。昨年11月のロシア杯、公式練習で転倒して右足首をひどくひねった。「曲がかかって跳ぶループは怖い。少しでも不安があったらやめる」と言うほど。けがなく、得点源の1本を決めたことに意義があった。

2019

グランプリファイナル、逆転ならず2位

グランプリファイナル・男子ショートプログラムで演技する羽生結弦（2019年12月5日）

グランプリファイナルが12月5日にイタリアのトリノで開幕。2006年五輪会場のパラベラ競技場で、シリーズ成績上位6人・組で争われる。

前日の4日には、男子で5度目の制覇を狙う羽生結弦らが公式練習で調整した。羽生は17年10月のロシア杯で成功させて以来、大会で決めていない4回転ルッツを着氷。「感触は良かった。ショートプログラムをやってみて、体の感触次第で」とフリーで組み込む可能性に含みを持たせた。4回転はループ、サルコー、トーループを含めて4種類を着氷させた。

5日、グランプリファイナル第1日、男子ショートが行われた。羽生は97・43点で2位発進となった。3連覇を目指す世界王者、アメリカのネーサン・チェンが首位に。羽生の持つ世界歴代最高点に0・15点と迫る今季世界最高の110・38点をマークした。

羽生は演技後半に予定していた連続ジャンプの一つ目で4回転トーループの着氷が乱れて単発になり、大幅に減点された。

トラブルがあってコーチは不在の中、チェンとの勝負を強く意識し、二つ前に滑ったライバルの高得点を耳に入れて臨んだ。外的な要素はあったが、「それが原因ではない」と打ち消した。「自分の実力不足。情けない。この（チェンとの）点差はすごく大変だが、フリーへ向けて何をすべきか考えたい。（4回転）ルッツは気持ちとしては入れたい」。

ファイナル最終日となる7日、男子フリーが行われた。25歳の誕生日となるこの日、ショート2位から逆転を狙う羽生は今でき得る限界に近い難度の構成をぶつけた。

4種類5本の4回転に挑み、2年ぶりに投入したルッツは鮮やかに着氷した。結果にこだわったライバルとの再戦。意地だけではない何かを求めたが、後半に3本入れた連続ジャンプ

上：グランプリファイナル・男子フリーでの演技　下：グランプリファイナル・男子シングル表彰式での羽生（ともに2019年12月7日）

が乱れた。精も根も尽き果て、締めのポーズで右手をつくと崩れ落ちた。

結果、羽生は合計291・43点で2位にとどまり、3年ぶり5度目の優勝はならなかった。チェンはフリーで自らの世界歴代最高点を更新する224・92点をマークし、合計335・30点の世界最高点で3連覇を果たした。

「今できることはやり切ったんじゃないかなと思う。最後のポーズがちゃんとできないぐらい疲れた。（チェンが世界最高点を出したことは）めちゃくちゃ悔しいし、今に見ておけと思っている」と羽生は振り返った。「点差はすごいが、今回の点差はそんなに遠くないと思っている。勝負には負けているが、自分の中の勝負には勝てた。ここからまた強くなれる一歩になった」

チェンは難度を上げて4回転を4種類6本にしてきた。羽生はルッツを組み込んで4回転の本数で並び、トリプルアクセル（3回転半）を2連続で入れる新技も。ジャンプの基礎点で相手を1・35点しのぐ構成にすることで気概を示した。

昨季の世界選手権でチェンに敗戦。ジャンプの難度で少し先をいく相手の幻想に悩まされたこともあった。踏み切り前や着氷後の美しく難しい動きにもこだわりジャンプが自身の持ち味だと思い直してやってきたが、差を埋めるのはきつかった。

チェンに勝つためには演技の完成度と総合力のみならず、ジャンプの難度にも挑み続けるほかない。

上:グランプリファイナル・男子ショートの演技を終えた羽生(2019年12月5日)　下:男子フリーでの演技を終えた羽生(2019年12月7日)

2019

4回転半、世界選手権へ意欲

グランプリファイナルで2位に終わった羽生結弦は12月8日、イタリアのトリノで取材に応じ、前人未到のクワッドアクセル（4回転半）投入について、3月の世界選手権へ向けて「そのつもりで頑張る」と意欲を示した。

ショートプログラム翌日の公式練習でいきなり4回転半を跳び始めた。

着氷に近づいたが回転が足りず、転倒したジャンプが3度。けがのリスクは覚悟の上だった。コーチの到着が遅れ、止める人もいなかったからこそ敢行できた。「跳べはしなかったが、ここがきっかけの地になった」と話し、戦いの場である試合会場で挑んだことを大きな一歩と捉えた。

完璧ではないのが現状。完成した形を思い浮かべつつ「高さが足りない。スピードをつけきって跳べない。回転がかかる速度が遅い」と課題を並べた。

上：グランプリファイナルで2位になった羽生結弦　下：男子フリーで演技する羽生（ともに2019年12月7日）

一問一答

QUESTIONS & ANSWERS

08

クワッドアクセルを語る

五輪連覇の羽生結弦が、トリノ五輪会場だったイタリアのパラベラ競技場で行われたグランプリファイナルで世界王者ネーサン・チェンに大差で屈した。ショートプログラムを終えて13点近い差をつけられ、湧き上がったのは「絶望」。翌日の公式練習でいきなり、クワッドアクセル（4回転半）を跳び始めた。

着氷まで近づいて転倒したジャンプが3度。ひやりとするシーンもあった。大会途中に感じた「絶望」から、会場練習での4回転半挑戦まで。羽生の胸の内をめぐった思いとは――。

フリーから一夜明けた12月8日、約12分半の合同インタビューは4回転半のテーマにほぼ終始した。ショートプログラム翌日の公式練習で前人未到の大技に挑んだ舞台裏や心境について、とうとうと語った。

羽生の一問一答は次の通り。

――アクセルの完成度を見た。

全然完成していない。恥ずかしい。

――世界選手権で投入するプランは。

はい、頑張ります。そのつもりで。ショートが終わった後に絶望していた。13点差は4回転を1本増やしたからといって縮まるものではない。彼（チェン）も5本跳んでくるだろうとわかっていたし、こんなプレッシャーでは絶対につぶれないという強さも感じていた。（逆転するのは）やっぱり難しいだろうなという感じはあった。だからこそ、ここで何か爪痕を残したいという気持ちがあって、いろいろ考えた。

なんで今回、コーチが（フリーの前日まで）来られなかったんだろう、とか。あんまり僕は運命主義者ではないが、でも何かしらの意味がそこにあるんだろうなと考えた。もしそこに意味があるんだとしたら、ストッパー（止める人＝コーチ）がいない今だからこそ、自分だけで決められる今だからこそ、ここで（4回転半を）やってもいいんじゃないかなと自分を許してしまって。

4回転半の練習は1カ月以上やっていなかった。スケートカナダからNHK杯の間も1、2回くらいしかできなかった。それでもやりたかったのは、ここで何かを残したいと思ったから。

結果として跳べなかったが、あの練習ではいろんな覚悟を決めた。回転が足りていないジャンプの方が多いので、どこかを痛めてもおかしくない着氷や転倒をするリスクもある。試合の公式練習だからこそ気合が入り過ぎて、いつもより浮くだろうと。そうなると大きなけがをするリスクもある。

最後はほぼ試合を捨てるような覚悟でいった。ここ（公式練習）で無理をして力を出し切ったらフリーまで持たないのはわかっていた。ここの舞台（トリノ五輪）がきっかけでいろんなことが回って、スケートができて、憧れの地になって、オリンピックで優勝できて、全てがつながってきている。跳べはしなかったが、ここがまた自分にとってのきっかけの地になったなと思う。

——コーチがいたらアクセルの練習はしなかったか。

たぶん止められていたと思う。絶対に試合の方が大事なので。自分でもわかっていたが、この絶望的な状況の中で、ここで何かを残さなきゃいけないという使命感がすごくあった。やるべきなのはここでルッツをしっかり跳びきることであり、アクセルを完成させたいという気持ちだった。

——それが絶望からはい上がるためのモチベーションだったのか。

跳びたい、降りたいという気持ちがすごく強かった。試合だとノーミスにしなきゃいけないという気持ちが常につきまとっていたが、練習だとそれがない。この時間までにとりあえず跳べるようになればいいいし、何回でも挑戦できる。その過程を見てもらえるのもモチベーションになる。そういう環境で試合と全く切り離して考えられたからこそ、吹っ切れてアクセルだけに集中できた。

——初めて人の前で練習してつかんだ感覚は。飛距離よりは高さへ持っていった印象だが。

まだ高さが足りない。スピードをつけきって跳ぶことができない。いろんなことをやったが、スピードをつけきってやった場合、頭から落ちる可能性もある。どれだけ高く跳んでも軸に入る速度が遅くなってしまうので、回転がかかる速度が遅い。どれだけ回転を速くかけるか。あとは器械体操みたいに軸をちょっとずらした上で、それから戻すことによって遠心力などが使える。

現状として回りきって降りてくるのが精いっぱい。もうちょっとだけ降りる余裕がないといけない。

それをつかむためには1週間、2週間のトレーニングでは無理。いろいろと模索しながら、体もつくりつつ変えていければいい。今回は体が動いているからこそ、いけるかなと思ったができなかった。

——納得するスケートと4回転半の両立は厳しいか。

そう思う。それは僕も承知している。でも、やらなきゃいけない。今回の演技は一生懸命なだけだった。ただひたすらジャンプ大会みたいな感じが自分の中ではすごくあった。じゃあ競技としてどうなのかとなった時、それはフィギュアスケートじゃなくてもできてしまうという気持ちはある。自分にとって4回転半は王様のジャンプ。それをやった上で、ジャンプだけではなくフィギュアスケーターとして完成させられるものにしたい。それがかなり難しいことはわかっている。

2019

「今年活躍したアスリート」の1位に

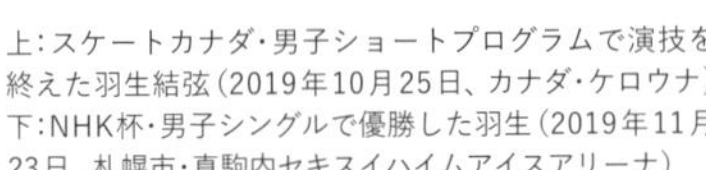

上：スケートカナダ・男子ショートプログラムで演技を終えた羽生結弦（2019年10月25日、カナダ・ケロウナ）
下：NHK杯・男子シングルで優勝した羽生（2019年11月23日、札幌市・真駒内セキスイハイムアイスアリーナ）

笹川スポーツ財団は12月13日、今年「活躍したアスリート」の調査結果を発表し、フィギュアスケート男子の羽生結弦が1位だった。2位はラグビーワールドカップ（W杯）日本大会で日本初の8強入りに貢献した主将のリーチ・マイケル（東芝）。3位はゴルフのメジャー大会、全英女子オープンで優勝した渋野日向子だった。

今年の「スポーツ政策関連の重大ニュース」では、来年の東京五輪のマラソン・競歩の開催地が札幌市に変更されたことが1位だった。調査は11月28日から12月6日まで同財団ウェブサイトで行われ、3493件の有効回答があった。

博報堂DYメディアパートナーズは12月18日、「アスリートイメージ評価調査」の結果を発表し、「今年活躍した」アスリートは男子が羽生結弦、女子はゴルフの渋野日向子が、それぞれ1位だった。

また、ラグビーW杯日本大会で8強入りし、社会現象を巻き起こした日本代表が多くランクイン。「知性的な」アスリートの1位にジェイミー・ジョセフ・ヘッドコーチ、2位に福岡堅樹（パナソニック）、「誠実な」では2位にリーチ・マイケル、「渋い」では「笑わない男」として話題になった稲垣啓太（パナソニック）が1位となった。調査は11月27日〜12月3日に、首都圏と京阪神圏在住の15〜69歳の男女600人を対象に、インターネットで行った。

全日本選手権・男子ショートプログラムで演技する羽生結弦（2019年12月20日、東京・国立代々木競技場）

2019

4年ぶりの全日本選手権、「完璧」を求めたSP

12月18日、羽生結弦は練習拠点のカナダ・トロントから帰国。午後の公式練習には間に合わなかったが、全日本選手権の開会式に出席した。近年は負傷などによる欠場が続き、4年ぶりの出場となる全日本。「大きなけがなくこなすのが一番だと位置付けている。その上で最大限の実力を発揮して、ここでいい演技をしたい」と話した。

2位に敗れたグランプリファイナルからまだ10日余り。「正直、練習どころではなかった。回復のさせ方など、いろいろ考えさせられながら日々を過ごしていた」と明かした。疲れが残っていることは認め、フリーの4回転もルッツを外し、ループとサルコー、トーループの3種類、計4本の構成で臨む考えを示した。

ショートプログラム（SP）を翌日に控えた19日、羽生は会場で初練習した。フリー曲の「Origin」をかけた場面ではジャンプが決まらず、4回転はループの着氷が乱れ、サルコーとトーループは回転が抜けた。開会式後には「疲れているのは間違いない。大きなけがをしたくないのが一番」と慎重に話していた。それでも曲がかかった練習の後に3種類の4回転、トリプルアクセル（3回転半）を着氷。すかさず修正した。

20日、全日本選手権第2日には国立代々木競技場で男子ショートが行われた。羽生は110・72点をマークして首位に立った。国内大会で参考記録扱いとなるが、自らの世界歴代最高点を0・19点上回ったことになる。

戦いのリンクにひとたび立てば羽生のスイッチはおのずと入る。「けがなくこなすのが一番」と話していたとは思えないほどの、鬼気迫る熱演だった。

ジャンプ構成を変え、得点の増す後半に入れていた4回転トーループからの連続ジャンプを前半の二つ目に。ショート曲「秋によせて」の後半部分の音とかみ合わなかったためだ。「完

1.全日本選手権・男子ショートでの演技を終え、リンクに一礼する羽生（2019年12月20日、東京・国立代々木競技場）　2.公式練習で調整する羽生（2019年12月19日）　3.男子ショートでの演技を終え、コーチのブライアン・オーサーと喜ぶ羽生（2019年12月20日）

壁な感覚をこの試合でつかみたかった」との狙いは達成した。

基礎点は0・57点減るが、出来栄え点（GOE）を稼ぐことで埋め合わせられると踏んだ。連続ジャンプのGOEはほぼ満点。後半に挑んだトリプルアクセルはつま先から着氷したものの耐え、「（この構成なら）失敗するという頭はなかった」と言うほどの自信があった。

愛着のあるプログラムだからこそ、これが理想の最終形ではない。4回転のループやルッツを組み込んだ構成も視野に入れる。それでもパーフェクトを求めて、国内大会で自身の世界歴代最高を0・19点超えてきた。4年ぶりの全日本。意義深いショートプログラムだった。

2019

連敗喫し、どうする羽生

全日本選手権・男子フリーでの演技を終え、天を仰ぐ羽生結弦（2019年12月22日）

全日本選手権最終日は12月22日、東京・国立代々木競技場で男子フリーが行われた。ショート首位の羽生結弦は合計282・77点で2位に終わったが、世界選手権代表に選ばれた。

大会を終えた羽生は「疲れた。頑張ったと思う。（重圧は）関係ない。終わっちゃったな、という感じ。もう何もないですよ。弱かったなと思うだけ」と語った。

動きは重く、ミスを重ねた。4回転のループ、トーループで着氷が乱れ、終盤のトリプルアクセル（3回転半）で転倒。4回転ルッツを抜いて構成の難度を下げて臨んだがショートでのリードを守れず、4年ぶりの全日本はフリーで暗転した。

NHK杯からの5週間で3戦目。連戦の最中に「ポジティブなリミッター（制限）」という言葉を発した。病気による3年前はともかく、過去2年はグランプリシリーズ中の負傷で全日本を欠場。「機械よりも繊細」という体を自覚し、大会の

1

3

2

練習で跳ぶジャンプの本数は減った。普段の練習も強度に気を配ってきたが、体力が持たなかった。

　フリーでルッツを含む4種類5本の4回転を入れながら、ネーサン・チェンに敗れたグランプリファイナルが一つのピークだった。わずか中1週で臨んだ全日本。「自分の体が日に日に劣化していく感じはあった」。この連戦は酷だった。

　12月は連敗。グランプリファイナルでチェンに大敗、その2週間後に全日本で宇野昌磨（トヨタ自動車）に逆転負け。「何もしゃべりたくないというのが本音。悪いところしかない。全部挙げるなら30分くらいかかる」と羽生は珍しく荒れた。

　しかし来年3月の世界選手権代表に選ばれ、「ベストコンディションで思い切りぶつかりたい」と意気込む。勝つために、フリーのジャンプ構成をどうするのか。羽生は「ルッツ2本」にも言及。一方で、前人未到のクワッドアクセルへの思いは強く、「僕自身のプライド。今のスケートを支えている芯なので、絶対に跳びたい」と語った。

1.全日本選手権・男子フリーで演技する羽生　2.男子フリーの演技を終え、うつむく羽生　3&4.男子フリーでの演技を終えた羽生（いずれも2019年12月22日）

全日本選手権・男子フリーでの演技を終え、歓声に応える羽生（2019年12月22日）

2020

公式戦大会記録

月	大会名	合計	SP	FS	開催地
2	四大陸選手権	299.42 (1位)	111.82 (1位)	187.60 (1位)	韓国・ソウル
12	全日本選手権	319.36 (1位)	103.53 (1位)	215.83 (1位)	長野

2020

プログラム変更「自分の呼吸じゃない」

上：四大陸選手権に備えて韓国入りした羽生結弦（2020年2月4日）　下：オータム・クラシック・男子フリーで「Origin」を演じる羽生（2019年9月14日、カナダ・オークビル）

2月6日にソウルで開幕する四大陸選手権に出場する羽生結弦（ANA）が4日、仁川（インチョン）空港から韓国入りした。

五輪で2014年ソチ大会、18年平昌大会を連覇した羽生は、平昌で演じたプログラムに戻して臨むことを明かし、「一番目指しているフィギュアスケートとしてできる。自分らしく滑れるプログラムかなと思った」とシーズン途中で変更する理由を語った。ショートプログラムはショパン作曲の「バラード第1番」、フリーは「SEIMEI」で臨む。

昨季からショートには「秋によせて」、フリーでは「Origin」を使用。昨季の世界選手権と今季のグランプリファイナルではアメリカのネーサン・チェン、全日本選手権では宇野昌磨（トヨタ自動車）に敗れ、全日本の後に「苦しくなった」という。プログラム変更は年明けに決めた。

羽生は四大陸選手権の開幕前日である5日に初練習。2シーズンぶりにショートで使う「バラード第1番」を滑り、「緊張した。このプログラムを滑る覚悟をさせられた」と振り返った。

曲に合わせて演技を最後まで通し、ジャンプは4回転サルコー、4回転－3回転の連続トーループ、トリプルアクセル（3回転半）を着氷させた。

昨季からショートで使った「秋によせて」はジョニー・ウィアー、フリーの「Origin」はエフゲニー・プルシェンコと、憧れの両スケーターにささげる思いも込めていた。「自分の呼吸じゃない。2人の背中という理想があまりに高く、自分の演技として完成できないと思った」と羽生は胸の内を明かした。

復帰を期す今大会に向け、「ただ難しいことをするスケートではなく、感覚や表現、ジャンプと音楽の融合。自分のフィギュアスケートとはこういうもの、というのを見せたい」と述べた。

オータム・クラシック男子ショートで「秋によせて」を演じる羽生（2019年9月13日）

2020

四大陸選手権、世界最高でSP首位に

上下:四大陸選手権・男子ショートプログラムで演技する羽生結弦(2020年2月7日)

四大陸選手権第2日の2月7日、ソウルで男子ショートプログラム(SP)が行われた。羽生結弦は111・82点をマークし、自身が持つ世界歴代最高点110・53点を更新して首位に立った。

「これまでの『バラード第1番』で一番良かった。曲を感じながらクオリティーの高いジャンプができた。雑音なく滑り切れた。やっと自分にすとんと戻った」と、ショートを終えて羽生は語った。

「バラード第1番」でショートの記録を何度も塗り替えてきた。自分らしさを取り戻すため、年明けに急きょ戻して通算4シーズン目。ピアノの重低音で始まる曲に合わせて、三つのジャンプを完璧に決めた。自身が持つ世界歴代最高点に1・29点も上積みし、強さも戻った。

もちろん、以前と全く同じ演技構成ではない。旧ルールで世界歴代最高を出した2017年オータム・クラシック、連覇を遂げた平昌五輪とはジャンプの順序を変えた。4回転サルコー、4回転－3回転の連続トーループ、トリプルアクセル(3回転半)とも柔らかく、ゆったり、流れるように着氷し、出来栄え点(GOE)は満点に迫った。

「音と、跳べるフォームが一緒に記録されているんだろう。ワインやチーズみたいなもの。滑れば滑るほど深みが出る」と述べるように、曲と動きが体に染み込んでいた。

この2シーズン、ショートには違和感があった。「秋によせて」の音調に4回転－3回転の連続トーループが合わない。構成の後半から前半の2番目に変え、踏み切りで左足のつま先を突く感覚を軽めにしても、腑に落ちなかった。思い切った名曲への回帰。名演を何度も繰り広げてきたプログラムで、やっと自分を取り戻した。

四大陸選手権・男子ショートの演技を終えた羽生（2020年2月7日）

1

2020

四大陸選手権初優勝でスーパースラム達成

2月9日、四大陸選手権最終日には、男子フリーが行われた。羽生結弦は187・60点をマークし、ショートプログラムに続き1位に。冒頭の4回転ルッツで着氷が乱れ、演技後半に連続ジャンプで2度予定していた4回転トーループでいずれもミスが出たものの、合計299・42点で見事に初優勝を果たした。

これにより羽生は、男子初のスーパースラム（五輪、世界選手権、四大陸選手権、グランプリファイナル、世界ジュニア選手権、ジュニアグランプリファイナルで優勝）を達成した。

ジュニアで16歳の鍵山優真（星槎国際高横浜）は、自己ベストを大幅に更新する合計270・61点をマークし、3位に入った。友野一希（同大）は7位だった。

フリーの際、リンクに入った羽生は氷に「コンクリートが見える」ほどの大きな穴を見つけ、レフェリーに伝えた。「SEIMEI」の再演へ高めた気持ちが、少しそがれた。「気が散った状態で入ってしまった」と羽生。ジャンプに大小のミスが四つ。頂点には立ったが、演技に入り込めていなかった。

心がざわついたまま冒頭の4回転ルッツへ。腰を沈めて踏ん張りながらも着氷が乱れた。練習でも確率は低かった。「これだけ（気持ちを）崩されるような状況でもルッツはあそこまでいけるんだ」と努めて前向きに捉えたが、悔しさは残った。

4回転トーループも2度乱れた。軸がやや傾いた一つ目は何とか着氷し、つなぎのオイラーを挟んだ3連続へ瞬時に変えて乗り切った。続く二つ目を2連続に切り替えたものの転倒。得点が1・1倍になる後半の稼ぎどころでミスが続いた。

曲を平昌五輪のものに戻して臨んだ今大会。ショパンの「バラード第1番」のショートは自分でも心地よさを感じた。フリーで理想とする「SEIME

2

3

1.四大陸選手権で優勝し、メダルを手にする羽生結弦　2&3.四大陸選手権・男子フリーで演技する羽生（ともに2020年2月9日、韓国・ソウル）

ー」は持ち越し。「ゴールは明確。クワッドアクセル（4回転半）を入れて、ぎりぎりの難易度まで目指し、今回の『バラード第1番』みたいなシームレスな（滑らかな）ものをつくりたい」と力強く言い切った。

羽生は場内での優勝インタビューで、新型コロナウイルスの感染が広がる中で大会が開催されたことを振り返り、「僕たちも注意し、運営の方々もすごく注意していた。緊張したが、こうして試合ができたのは皆さんの配慮のおかげ」と感謝を口にした。

韓国国内でも感染者が発生しており、主催者が警戒を強化。観客には、最近の中国や東南アジアへの渡航歴、風邪の諸症状や発熱の有無などについて申告を求め、体温も確認するなど異例の措置が取られた。

全日本選手権・開会式に出席するため会場に入る羽生結弦（2019年12月18日、東京・国立代々木競技場）

2020

ＩＳＵ年間表彰で最優秀選手賞受賞

国際スケート連盟（ＩＳＵ）が7月11日、フィギュアスケートで新設した「ＩＳＵスケーティングアワード」の2019～20年シーズン表彰式をオンラインで開催し、羽生結弦が最優秀選手賞を受賞した。

最終候補に入っていたアメリカのネーサン・チェン、アイスダンスのフランスのガブリエラ・パパダキス、ギヨーム・シゼロン組を得票で上回った。

羽生は最終候補に入っていたベストコスチューム賞は逃し、アイスダンスのアメリカのマディソン・チョック、エバン・ベーツ組が選ばれた。最優秀新人賞はロシア女子のアリョーナ・コストルナヤだった。

ＩＳＵスケーティングアワードは19～20年シーズンの主要大会の結果に加え、一般や各国連盟、メディアによる投票なども踏まえて各部門の最終候補がノミネートされた。元世界女王の安藤美姫ら審査員6人による投票で受賞者が決まった。

12月17日には、博報堂ＤＹメディアパートナーズが「アスリートイメージ評価調査」の結果を発表。「今年活躍した選手」の1位は、女子がテニスの全米オープンで2度目の優勝を果たした大坂なおみ（日清食品）、男子がフィギュアスケートの四大陸選手権を制した羽生結弦だった。

男子2位のアメリカ大リーグ、エンゼルスの大谷翔平はけがもあって白星がなく、同3位のテニスの錦織圭（日清食品）も出場4大会で2回戦進出が最高だった。成績にかかわらず、これまでの実績や人気で評価される形となった。

「来年活躍が期待できる選手」でも羽生と大坂が男女の1位。調査は11月25日～12月1日にインターネットで実施し、首都圏と京阪神圏に住む15～69歳の男女600人から回答を得た。

2020

全日本選手権、葛藤の中の決意

全日本選手権の公式練習にて、マスクを外す羽生結弦（2020年12月24日）

全日本選手権が12月24日から長野市のビッグハットで行われる。五輪連覇の羽生結弦は、今大会が今季初戦。演技の完成度が注目される。

羽生は新型コロナウイルスの感染リスクなどを考慮して、今季のグランプリシリーズを欠場していた。羽生が成功を目指すクワッドアクセル（4回転半）を投入するかどうかも興味深い。

24日には出場選手が試合会場で公式練習に参加し、調整を行った。羽生はショートプログラム、フリーとも新プログラムで臨むことを明かした。この日はフリーで跳ぶ予定の4回転ループ、サルコー、トーループを確認した。

羽生にとっては、2月に優勝した四大陸選手権以来の実戦。新型コロナウイルスの影響などで、多くの選手が今季初戦となる。「考えは変化していない。第3波といわれる状態の中、僕が出ていいのかという葛藤はかなりあった」と羽生は正直に語った。

来年3月にストックホルムで開催予定の世界選手権の代表最終選考会も兼ねる全日本。「希望を何とかつなぐため」出場を決めたという。

これまでの拠点のカナダではなく、国内で調整した。ブライアン・オーサー・コーチもそばにおらず、五輪連覇の羽生といえど勝手は違った。それでも「僕にとってはスケートに集中できる環境だった。ベターではなく、ベストな練習ができた」と前向きに話す。

成功を目指すクワッドアクセルは今回、演技構成に入れていないが、ショートは「レット・ミー・エンターテイン・ユー」、フリーは「天と地と」の新プログラムを用意した。

「もちろん、表彰台の真ん中に立ちたい気持ちは強くある」。そう言った表情に、迷いは見られない。いつものように闘争心を燃やして、5年ぶりの頂点をつかみに行く。

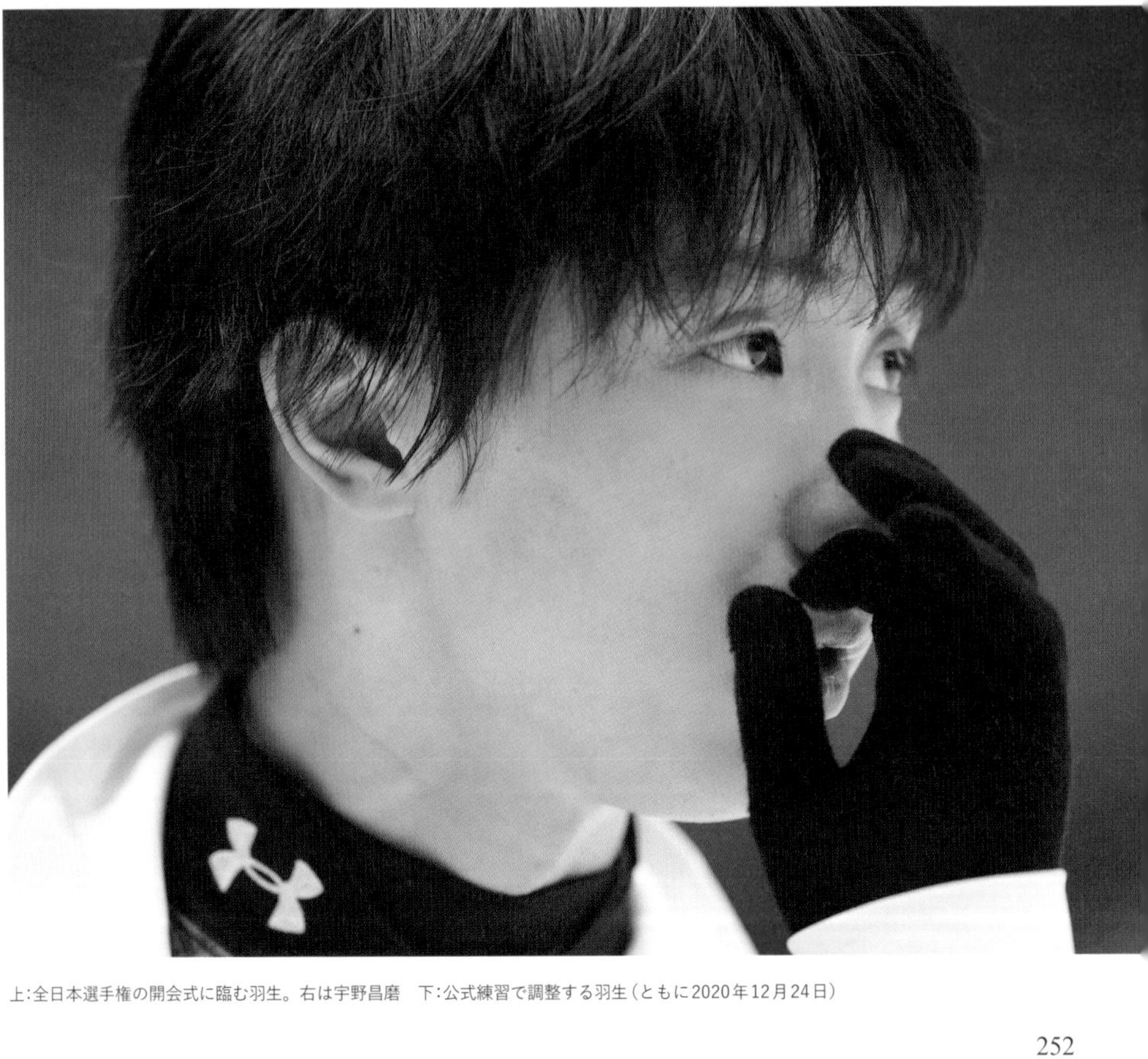

上:全日本選手権の開会式に臨む羽生。右は宇野昌磨　下:公式練習で調整する羽生(ともに2020年12月24日)

2020

久々の実戦で首位発進

上：全日本選手権・男子ショートプログラムでの演技を終え、笑顔を見せる羽生結弦
下：演技を終え、「キス・アンド・クライ」で上着を着る羽生（ともに2020年12月25日）

12月24日に開幕した全日本選手権（長野・ビッグハット）。25日、男女のショートプログラムが行われた。

男子は羽生結弦が103・53点で首位発進。2位は17歳の鍵山優真、5連覇が懸かる宇野昌磨は3位だった。

羽生が披露した新ショートの曲「レット・ミー・エンターテイン・ユー」はイギリスの人気歌手、ロビー・ウィリアムズの激しいロックナンバー。新型コロナウイルスの影響で世の中が混乱する中、「少しでも明るいものを」との思いで選んだ。

黒い衣装を身にまとい、ビートを刻みながら舞う。「全部見どころにしよう」という意気込みの振付で、大声での声援を控える観客の心を引き付けた。しかし点数は103・53点。羽生にしては伸びなかった。「楽しめたが、点数的にはいい演技だったとは言えない内容」と複雑な思いで振り返った。後半の足替えシットスピンで基準

上:全日本選手権・男子ショートで演技をする羽生結弦　下:演技の前に集中力を高める羽生(ともに2020年12月25日)

を満たせず、0点になったのが響いた。2シーズン前の初戦でもこのスピンでミスをしていた。10カ月以上実戦を離れた影響はやはりあった。

冒頭の4回転サルコーはこらえるように決め、続く4回転ー3回転の連続トーループ、トリプルアクセルも成功。出来栄えの良いジャンプをそろえたのはさすがだ。「ジャンプは全部降りているので、(フリーで)まとまった演技をしたい」と5年ぶりの王座を狙う。

2020

全日本選手権、5年ぶり5度目の制覇

上：全日本選手権・男子フリーでの演技を終え、ティッシュカバーと並んで「キス・アンド・クライ」に座る羽生　下：男子フリーで演技する羽生結弦（いずれも2020年12月26日、長野・ビッグハット）

12月26日、全日本選手権第2日には男子フリーが行われた。羽生結弦は215・83点をマークして1位。前日のショートプログラムとの合計319・36点で5年ぶり5度目の優勝を遂げた。同時に、来年3月にスウェーデンのストックホルムで開催予定の世界選手権代表に決まった。

「去年はだいぶ悔しかったので、リベンジできて良かった。フリーでは自分本来の演技ができている。トレーニングのやり方は間違っていなかった」と、羽生は今大会を振り返った。

2020

コロナ禍初戦で底力、迷い乗り越え王座奪還

全日本選手権のフリーを滑り終えた羽生結弦は、四方に深々と、ゆっくり礼をした。「すごくいろんな力をもらえた。戦い抜けた」新型コロナウイルスの感染対策で声援を控えている分、総立ちの観客は目いっぱいの拍手を送った。それをかみしめるようだった。

5週間で3戦目という過密日程で迎えた前回大会はフリーで崩れ、ショートプログラム首位のリードを守れなかった。「だいぶ悔しかった。リベンジできて良かった」と率直に言った。

日本的な弦楽器の音色が印象深い新フリー曲の「天と地と」は、考え方が似ていると感じる上杉謙信を題材にした大河ドラマから選んだ。穏やかに、時に激しく。4回転は単発のループ、サルコー、後半に2連続、3連続ジャンプで組み込んだ2本のトーループといずれも完璧。出来栄え点（GOE）で3・6～4点台を並べた。

気管支ぜんそくの持病がある羽生は新型コロナの感染リスクなどを考慮し、今季のグランプリシリーズを欠場。初戦がこの全日本選手権となった。

カナダからブライアン・オーサー・コーチも呼べず、「これだけ長い期間一人で、迷いも悩みもあった」と語る。成功を目指すクワッドアクセル（4回転半）どころか、トリプルアクセル（3回転半）も跳べなくなる時期があったという。

「どん底」まで落ちた五輪王者が再び戻った実戦のリンクだった。ショートでただ一人100点台を出し、フリーでも別次元の215・83点。底力を見せた王座奪還だった。

上：練習する羽生結弦　下：全日本選手権・男子フリーでの演技を終え、ポーズをとる羽生（ともに2020年12月26日、長野・ビッグハット）

2020

世界選手権代表に選出

上：世界選手権の日本代表に選ばれ、会見に臨む羽生結弦（2020年12月27日、長野・ビッグハット）　下：全日本選手権・男子フリーで演技する羽生（2020年12月26日）

全日本選手権優勝の羽生結弦は12月26日、報道陣の取材で2022年北京冬季五輪に向けての質問に答え、「（今夏予定されていた）東京五輪ができていない今の状況の中で、冬の五輪のことを考えている場合ではない、というのが僕個人の意見」と述べた。

新型コロナウイルスの影響で延期された東京五輪は、来夏の開催も不安視されている。北京冬季五輪もテスト大会の中止が相次いでいる。羽生は五輪の位置付けを「競技の最終目標」と表現した上で、「そこに向けてはちょっと、シャットダウン（停止）しているイメージ」と話した。

成功を目指しているクワッドアクセル（4回転半）については、練習でも決めたことがないと言い、「ハードルは高いが、幻想のままにしたくない」と改めて意欲を示した。

日本スケート連盟は翌27日、来年3月にスウェーデンのストックホルムで開催される世界選手権の代表を発表した。

男子は羽生結弦、宇野昌磨、鍵山優真、女子は紀平梨花（トヨタ自動車）、坂本花織（シスメックス）、宮原知子（関大）と、男女とも全日本選手権で3位以上の選手が選ばれた。

羽生は「北京五輪代表枠の数にも関わってくると思うので、全力で役割を全うしたい」と意欲を語った。

2020

4回転半という「最終目標」は揺るがず

全日本選手権の表彰式を終え、笑顔を見せる優勝した羽生結弦（2020年12月26日、長野・ビッグハット）

全日本選手権で、5年ぶり5度目の優勝を遂げた羽生結弦。今季は新型コロナウイルスの感染リスクなどを考慮してグランプリシリーズを欠場し、初戦となった大会で圧巻の演技を見せた。

ジャンプはショートプログラム、フリーとも全て成功。フリーの4回転はループ、サルコー、トーループの3種類4本が、いずれも文句なしの出来で、自身も「表現として完成できた」と満足した。ただ世界でまだ成功例がないクワッドアクセル（4回転半）への挑戦は見送った。2018年平昌五輪で連覇を達成する前から意欲を口にしていた大技。いまだに練習でも降りたことがないという。

4回転半は、習得を目指すだけでリスクがつきまとう。「練習すればどんどん他のジャンプも崩れていくし、駄目になっていくし、足も痛くなるし」。並大抵ではない壁の高さがうかがえる。

それでも決意は揺るがない。コロナ禍を鑑み、22年の北京五輪については「冬の五輪のことを考えている場合ではない」と持論を述べる一方、4回転半に関しては「何度も言っているように、最終目標。たどり着かないのであれば、この（コロナ禍の）世の中でトレーニングさせてもらう理由がなくなってしまう」と断言した。

投入するなら、やはり冒頭。「また4回転半のための体づくりをしっかりやって、それから練習して、どれくらいできるようになるか」

王者の向上心は尽きない。

全日本選手権・男子ショートプ
ログラム前の練習で、上着を脱
ぐ羽生(2020年12月25日)

2020

思いを込め「春よ、来い」

全日本選手権の上位者らによるエキシビション「オールジャパン メダリスト・オン・アイス」が12月28日、長野・ビッグハットで開かれた。男子で5年ぶり5度目の優勝を果たした羽生結弦は「春よ、来い」のメロディーに乗せて華麗に舞った。

「この時期にぴったりというか、この世の中に一番伝えたいメッセージだったので。本当に少しでも心が温かくなるような演技がしたかった」と思いを語った。

アンコールでは、ショートプログラムのロックナンバー「レット・ミー・エンターテイン・ユー」を選択。手をたたいて会場の拍手を誘い、フィナーレでは紀平梨花と2人で側転し会場を沸かせた。

全日本選手権・エキシビションで演技する羽生結弦（2020年12月28日）

2021

公式戦大会記録

月	大会名	合計	SP	FS	開催地
3	世界選手権	289.18（3位）	106.98（1位）	182.20（4位）	スウェーデン・ストックホルム
4	世界国別対抗戦	3位	107.12（2位）	193.76（2位）	大阪
12	全日本選手権	322.36（1位）	111.31（1位）	211.05（1位）	埼玉

2021

走り続け、立ち止まってきた10年

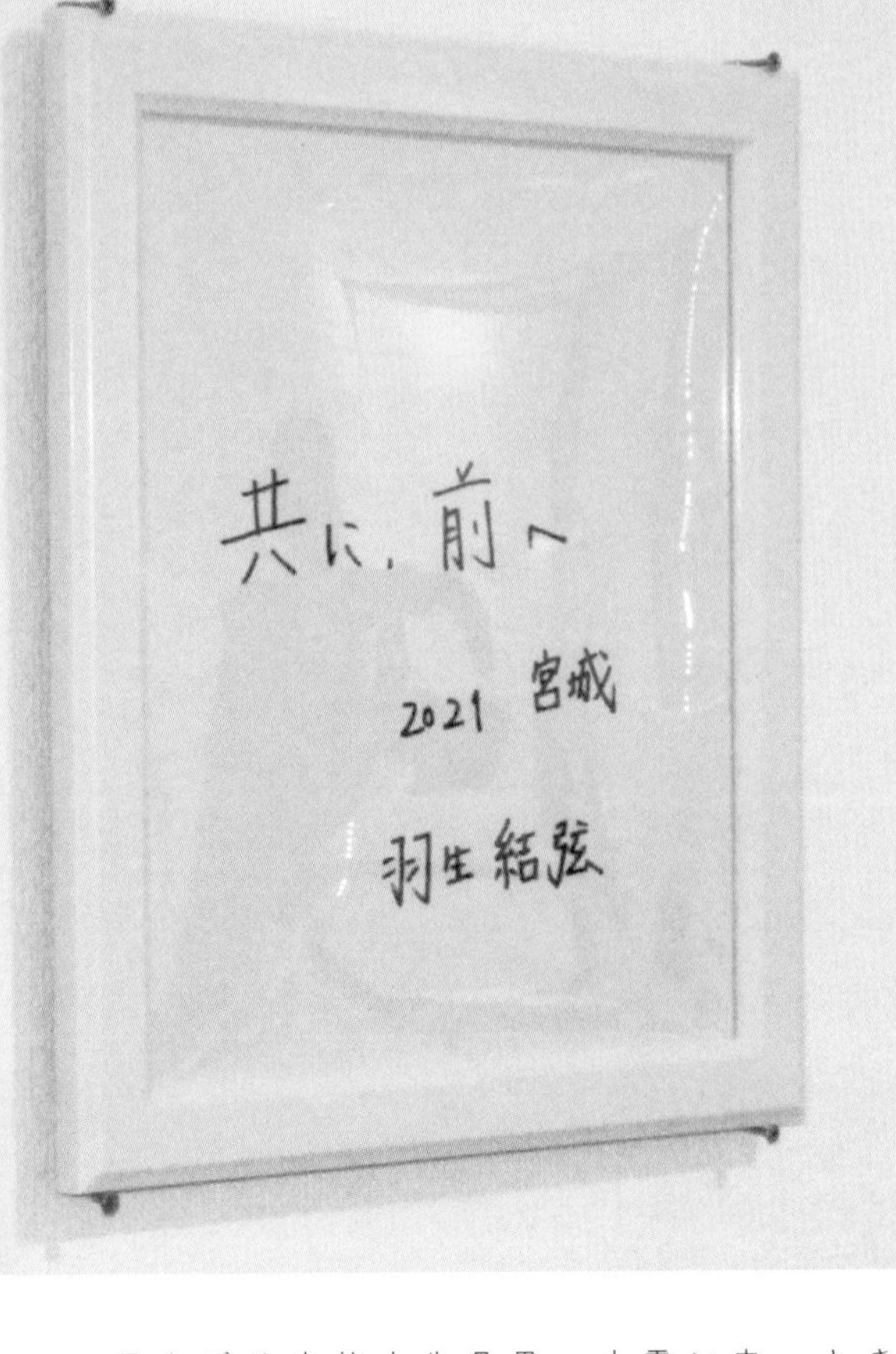

「羽生結弦展」で展示された羽生直筆のメッセージ（2021年2月25日）

東日本大震災発生から10年となるのを受け、3月11日、羽生結弦（ANA）は、報道各社の求めに応じてコメントを寄せた。書き出しは迷いの言葉だった。

「何を言えばいいのか、伝えればいいのか、分かりません」

五輪を連覇し、国民栄誉賞も受賞した10年の日々。「前を向いて歩いて、走ってきた。それと同時に、後ろをたくさん振り返って、立ち止まってきた」と思い起こす。

あの日、宮城・東北高1年だった羽生は、地元仙台市のリンクで練習中だった。「16年しか生きていない。自分の人生は短いと思った」と話したことがある。

大きな揺れに氷は波打ち、立っていられなかった。このリンクは今年2月13日に起きた地震でも被害を受け、一時営業中止を余儀なくされた。

被災者の一人として被災地を思い、寄り添ってきた。昨年12月には自身の経験を伝える「羽生結弦展　共に、前へ　東日本大震災　あの日、そして今」が始まった。現在は仙台市で開催中で、1年をかけて全国各地をめぐる予定だ。羽生が家族と過ごした避難所のスペースの展示もあるなど、防災意識の向上も目的としている。

一方で、葛藤も続く。自分に何ができるのか、役割は何かを自問自答すると「胸が痛くなる」と打ち明ける。

今は新型コロナウイルスの感染拡大が人々を苦しめている。昨年12月の全日本選手権で優勝した後、コロナ禍でも好きなスケートを続けていることについて「震災を経験した僕にとっては、申し訳ないというか、罪悪感もある」と羽生は語った。

それでも出場したのは「ちょっとでも（見ている人たちの）何かの活力になれば、何か気持ちが変わるきっかけになれば」という思いからだった。

自分の10年間の心の動きや、被災者へのねぎらいの言葉を紡いだコメントの終盤に「頑張ってください」とつづった。何度もこの言葉に支えられ、その力を知るからこそ贈りたい一言だった。これまで何度も人々に喜びや感動を届ける演技を見せてきた。それはこれからも変わらない。

「何を言えばいいのか、伝えればいいのか、分かりません」

東日本大震災から10年。羽生結弦が報道各社の求めに応じてコメントを寄せた。その全文は以下の通り。

何を言えばいいのか、伝えればいいのか、分かりません。

あの日のことはすぐに思い出せます。この前の地震でも、思い出しました。10年も経ってしまったのかという思いと、確かに経ったなという実感があります。

オリンピックというものを通して、フィギュアスケートというものを通して、被災地の皆さんとの交流を持てたことも、繋がりが持てたことも、笑顔や、葛藤や、苦しみを感じられたことも、心の中の宝物です。

何ができるんだろう、何をしたらいいんだろう、何が自分の役割なんだろう

そんなことを考えると胸が痛くなります。

皆さんの力にもなりたいですけれど、あの日から始まった悲しみの日々は、一生消えることはなく、どんな言葉を出していいのかわからなくなります。

でも、たくさん考えて気がついたことがあります。この痛みも、たくさんの方々の中にある傷も、今も消えることない悲しみや苦しみも……それがあるなら、なくなったものはないんだなと思いました。

痛みは、傷を教えてくれるもので、傷があるのは、あの日が在った証明なのだなと思います。

あの日以前の全てが、在ったことの証(あかし)だと思います。

忘れないでほしいという声も、忘れたいと思う人も、いろんな人がいると思います。

僕は、忘れたくないですけれど、前を向いて歩いて、走ってきたと思っています。

それと同時に、僕にはなくなったものはないですが、後ろをたくさん振り返って、立ち止まってきたなとも思います。立ち止まって、また痛みを感じて、苦しくなって、それでも日々を過ごしてきました。

写真：復興演技会に出演し、黙祷する羽生（2012年3月11日、宮城・アイスリンク仙台）

最近は、あの日がなかったらとは思わないようになりました。それだけ、今までいろんなことを経験して、積み上げてこれたと思っています。そう考えると、あの日から、たくさんの時間が経ったのだなと、実感します。

こんな僕でもこうやって感じられるので、きっと皆さんは、想像を遥かに超えるほど、頑張ってきたのだと、頑張ったのだと思います。すごいなぁと、感動します。

数え切れない悲しみと苦しみを、乗り越えてこられたのだと思います。

幼稚な言葉でしか表現できないので、恥ずかしいのですが、本当にすごいなと思います。

本当に、10年間、お疲れ様でした。

10年という節目を迎えて、何かが急に変わるわけではないと思います。まだ、癒えない傷があると思います。街の傷も、心の傷も、痛む傷もあると思います。まだ、頑張らなくちゃいけないこともあると思います。

簡単には言えない言葉だとわかっています。

言われなくても頑張らなきゃいけないこともわかっています。

でも、やっぱり言わせてください。

僕は、この言葉に一番支えられてきた人間だと思うので、その言葉が持つ意味を、力を一番知っている人間だと思うので、言わせてください。

頑張ってください

あの日から、皆さんからたくさんの「頑張れ」をいただきました。

本当に、ありがとうございます。

僕も、頑張ります

２０２１年３月

羽生結弦

仙台市のアイスリンク仙台は３月10日、羽生から、２１１万６２７０円の寄付があったと発表した。羽生はこのリンク出身で、東日本大震災発生時も滑っていた。継続的に寄付をしており、総額は３１４４万２１４３円になった。

写真：世界選手権開幕前の練習に臨む羽生（2015年3月24日、中国・上海）

2021

世界選手権開幕、楽しませ楽しんだSP

世界選手権・男子ショートプログラムで演技する羽生結弦(2021年3月25日)

3月24日から開幕する世界選手権(スウェーデン・ストックホルム)に向け、22日の公式練習に臨んだ男子の日本勢がオンライン取材に応じた。

3大会ぶりの優勝を目指す羽生結弦は「滑るからには意味のあるものにしたい」と抱負を述べた。

新型コロナウイルスの影響で昨年12月の全日本選手権では不在だったブライアン・オーサー・コーチらが今回は同行する。「そばでサポートしてくれる人がいるのはありがたい」と率直に話した。演技構成は「変更はない」とし、クワッドアクセル(4回転半)は組み込まない考えを示した。

大会は来年の北京五輪の国・地域別の出場枠が懸かり、3連覇を狙うアメリカのネーサン・チェンとの対決も見ものとなるが、羽生は「枠取りには最大限貢献したい。今のところそれだけ」と淡々と話した。

世界選手権第2日となる25日、男子ショートプログラム(SP)が行われた。羽生は106・98点で首位に立った。

初代表の鍵山優真(星槎国際高横浜)が2位。最終的に上位2人の合計順位が「13」以内なら、北京五輪で最大3の出場枠が得られる。

今季2戦目で迎えた、2年ぶり開催の世界選手権。久々に海外のスケーターと相対し、羽生にも「ベスト(の演技)をしっかりぶつけよう」という高揚感は少なからずあった。

「ただ、このショートプログラムの一番大きな意味は、皆さんに楽しんでいただくこと」。点数や首位発進の結果以上に、「演技内容には満足している。もっとよくできたと思うところも多々あったが、この曲が持っているエナジーや振付を出し切れた」という満足感が大きかった。

イギリスの人気歌手、ロビー・ウィリアムズの「レット・ミー・エンターテイン・ユー」を国際大会で初披露。無観客だった

世界選手権・男子ショートで演技する羽生（2021年3月25日）

が、リンクはライブ会場のように映った。

4回転サルコーや4回転－3回転の連続トーループは危なげない。高く跳ね上がった後半のトリプルアクセル（3回転半）は、出来栄え点（GOE）で3・54点の加点を引き出した。

「ロックは心の底から自分の鼓動や呼吸などを表現できる。これはこれですごく楽しい」。そう語る羽生のスピンで腕を振る姿は、ボーカリストさながらだ。

27日にはフリーが行われる。優勝争いの視点で見れば、羽生の独壇場となりそうな気配だ。

上下：世界選手権・男子フリーで演技する羽生結弦（2021年3月27日）

2021

世界選手権3位、特別な年にV奪還ならず

2022年北京五輪の国・地域別出場枠を懸けた世界選手権（スウェーデン・ストックホルム）は、3月27日に男子フリーが行われた。

ショートプログラム首位の羽生結弦はジャンプが乱れて3位。3大会ぶりの優勝を逃したが、日本男子は上位2人の合計順位が「13」以内となり、北京五輪の最大3枠を獲得した。

最終滑走の羽生は、フリーの公認自己ベスト212・99点を出しても金メダルには届かない状況に追い込まれた。

まさに最高の内容が求められた中、冒頭の4回転ループで手をつき、続く4回転サルコーや、連続ジャンプにつなげる予定だった得意のトリプルアクセル（3回転半）でもバランスを崩した。

リカバリーもできず、演技を終えると首をかしげた。フリーでは182・20点の4位に終わった。

試合後、羽生は次のように振り返った。

「すごく疲れた。バランスが1個ずつ崩れていった。なるべく転倒のないように頑張れたとは思うが、自分らしくないジャンプが続いたので大変だった。次の試合がどうなるかわからないが、時間があるなら4回転半を早く練習して、試合に組み込めるようにしたい」

開幕前には「無事に健康な状態でこの試合を終えられたら」と、結果にはこだわらない

上:世界選手権男子で3位となり銅メダルを手にする羽生（2021年3月27日）　下:エキシビションでの演技の様子（2021年3月28日）

姿勢を示していた。ただショート後には、大会への準備を進める中で「全日本選手権よりもさらに過酷な戦いの場。練習中に不安が襲ってきたこともあった」と明かした。重圧に苦しんだ日々に、報いることはできなかった。

新型コロナウイルスの影響下で開かれた世界選手権。さらには、故郷が甚大な被害を受けた東日本大震災発生から10年という特別な年の大会。全力の演技で思いを伝えようとしたが、最高の結果を届けることはできなかった。

翌28日、世界選手権の上位選手らによるエキシビションが行われた。男子3位の羽生は東日本大震災の復興支援ソング「花は咲く」のメロディーに乗せて、一輪の花を手にして心を込めるような演技を披露した。

羽生は被災地の仙台市出身。大会開幕前の記者会見で震災から10年という節目に関して問われた際、「10年だからこそということではなく、（自身の演技が）何かのメッセージだったり、心が動くきっかけになってくれたらいい」と話していた。

2021

「何かを残したい」——世界国別対抗戦始まる

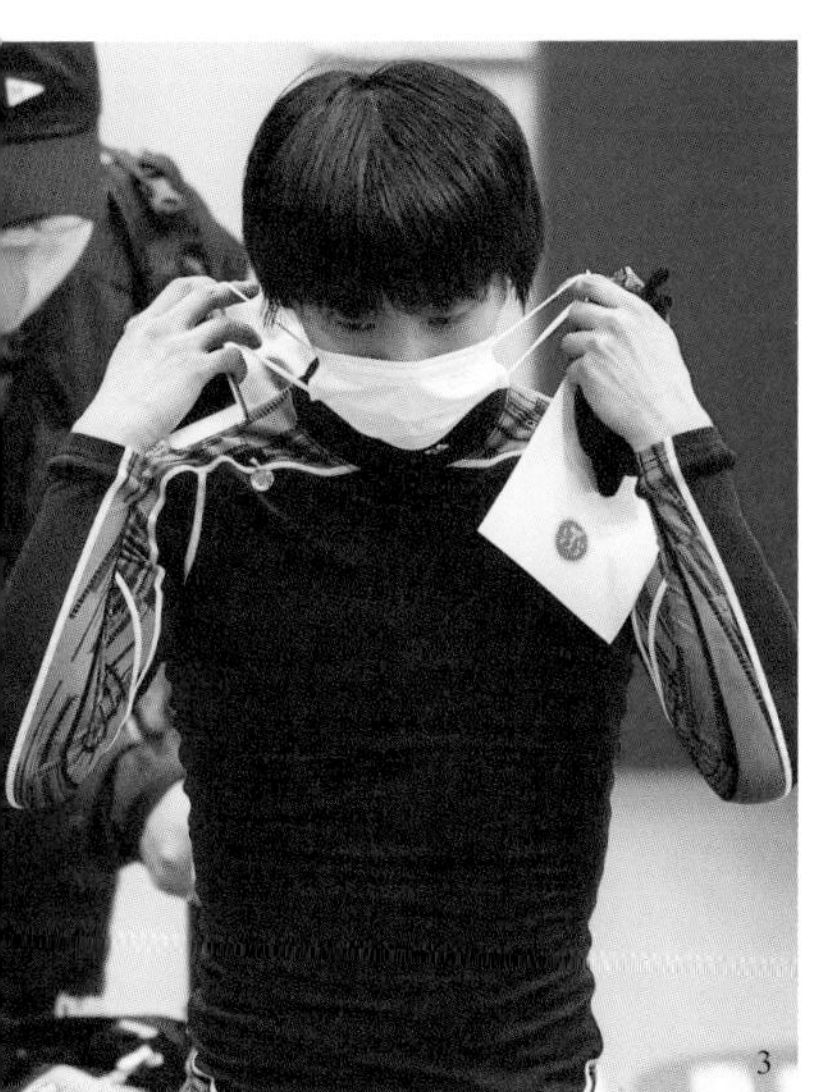

1.世界国別対抗戦・男子ショートプログラムで演技する羽生結弦(2021年4月15日)　2.世界選手権を終え、スウェーデン・ストックホルムから帰国した羽生(2021年3月30日、東京・羽田空港)　3.公式練習を終え、マスクをして引き揚げる羽生(2021年4月14日)

4月5日、世界国別対抗戦(15日開幕、丸善インテックアリーナ大阪)に出場する日本代表のコメントが発表された。

羽生結弦は3月の世界選手権で3位に終わったが、勇気や希望をもらったと多くの人から前向きな言葉を掛けられたそうで、「誰かのためになれているのかな、という感じがして、それを常に心の中に持ちながら演技したい」と意気込みを示した。

14日、世界国別対抗戦に出場

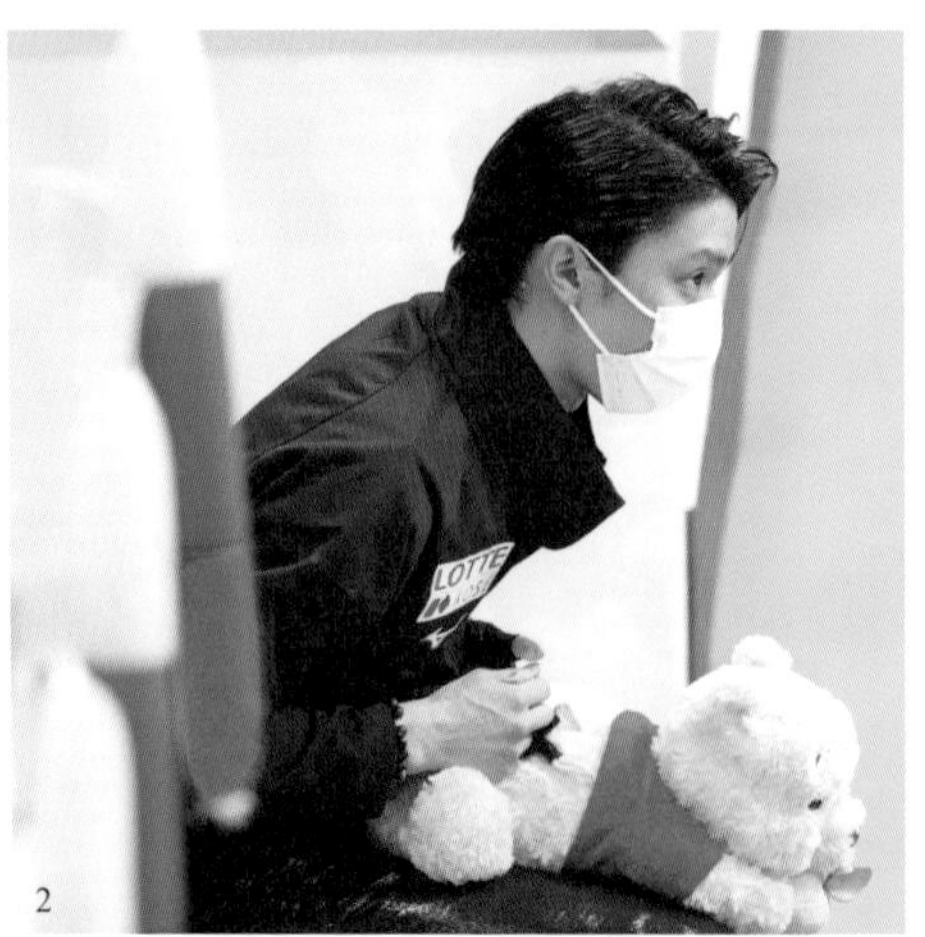

1.世界国別対抗戦・男子ショートでの演技を終えた羽生結弦　2.男子ショートでの演技を終え、得点を確認する羽生　3.開会式での羽生（いずれも2021年4月15日）

する日本代表がオンライン取材に応じた。羽生は、開催地の大阪府などで新型コロナウイルスの感染が再拡大している中での大会となったことに複雑な気持ちは消えないが、「1秒に満たない瞬間でもいい。誰かの（心の）中に残る演技をすべきだ」と考え、出場を決めた。「何かしらの意味を残したい。普通の試合以上に、いい演技をしないといけない」。

午後の公式練習でフリーの曲をかけ、4回転サルコーの回転が抜けるなどしたが、それ以外では4回転ジャンプは安定していた。3月下旬にスウェーデン・ストックホルムで開かれた世界選手権から帰国後の隔離期間が明けたばかりだが、リンクには通っていたといい、「しっかりと役割を果たしたい」と意気込みを示した。

大会は世界選手権男子3連覇のネーサン・チェンがいるアメリカや、世界女王のアンナ・シェルバコワを擁するロシアなど計6チームが参加。男女各2人、ペアとアイスダンスの各1組でチームを構成し、順位点の合計で争う。

翌15日、世界国別対抗戦が丸善インテックアリーナ大阪で開幕。男子ショートプログラムで、羽生は107・12点で2位となった。

滑り終えた羽生は、日本チームの仲間に向けてピースサインをつくった。3月の世界選手権のショートを上回る107・12点。「やれることはやった」と安堵感を漂わせた。

4回転サルコー、4回転－3回転の連続トーループは完成度が高く、出来栄え点（GOE）で4点以上の加点を引き出した。トリプルアクセル（3回転半）は着氷が乱れたが、転倒はこらえて減点を最小限にとどめた。明るい曲調のロックナンバーで軽快に踊り「心から湧き上がるものを」というメッセージを届けた。

世界選手権ではフリーで崩れショートでの首位から3位に順位を落とした。「悔しさは少なからずある」。第1日を終え、日本は3位。16日のフリーでは本来の演技を見せて役割を全うする心積もりだ。

2021

穴にはまるミスでフリーでも2位

世界国別対抗戦第2日の4月16日、男子フリーが行われた。羽生結弦は193・76点をマークし、ショートプログラムに続いて2位だった。

1位はショートでもトップのアメリカのネーサン・チェン。宇野昌磨（トヨタ自動車）は6位だった。

ペア・ショートは三浦璃来、木原龍一組（木下ク）が3位、アイスダンスのフリーは小松原美里、コレト・ティム組（倉敷ク）が5位。得点はともに自己ベストを更新した。

第2日を終え、日本はロシア、アメリカに次ぐ3位。17日は女子とペアのフリーが行われ、最終順位が決まる。

羽生にとって、世界選手権では大きく崩れたフリー。「リベンジしたい気持ち」も抱きながら「天と地と」を舞った。今回も完璧な内容ではなかったが「よくやったと言ってあげたい」と語った。

スウェーデンから3月30日に帰国後、2週間は隔離生活を送りながらの難しい調整となる中、ショートに続き最善を尽くした。

序盤、4回転サルコーが1回転となるミスがあった。6分間練習でこのジャンプを跳んだ際にできた穴にちょうどはまったらしく、回転が抜けたという。「不運なミス。それほどまで精密にできることが自分の強み」と引きずらず、その他はまとまった演技だった。

今季の公式戦最後となったジャンプ、トリプルアクセル（3回転半）は「絶対にきれいに決めてやる」と強い気持ちで跳び、鮮やかに成功。世界選手権や今大会のショートで失敗した記憶を振り払うだけでなく「4回転半に続く道をここで示すんだ」との思いだった。

前人未到の大技への決意を改めて示し「4回転半がそろった、完成された演技を目指して頑張りたい」と力強く語った。来季に「リベンジ」を最高の形で果たすべく、また鍛錬を積んでいく。

上：世界国別対抗戦・男子フリーでの演技を終え、笑顔を見せる羽生結弦　下：フリーでの演技終了後の羽生（いずれも2021年4月16日、丸善インテックアリーナ大阪）

世界国別対抗戦・男子
フリーでの演技を前に
気持ちを高める羽生
(2021年4月16日)

2021

世界国別対抗戦で日本は3位、ロシアが初V

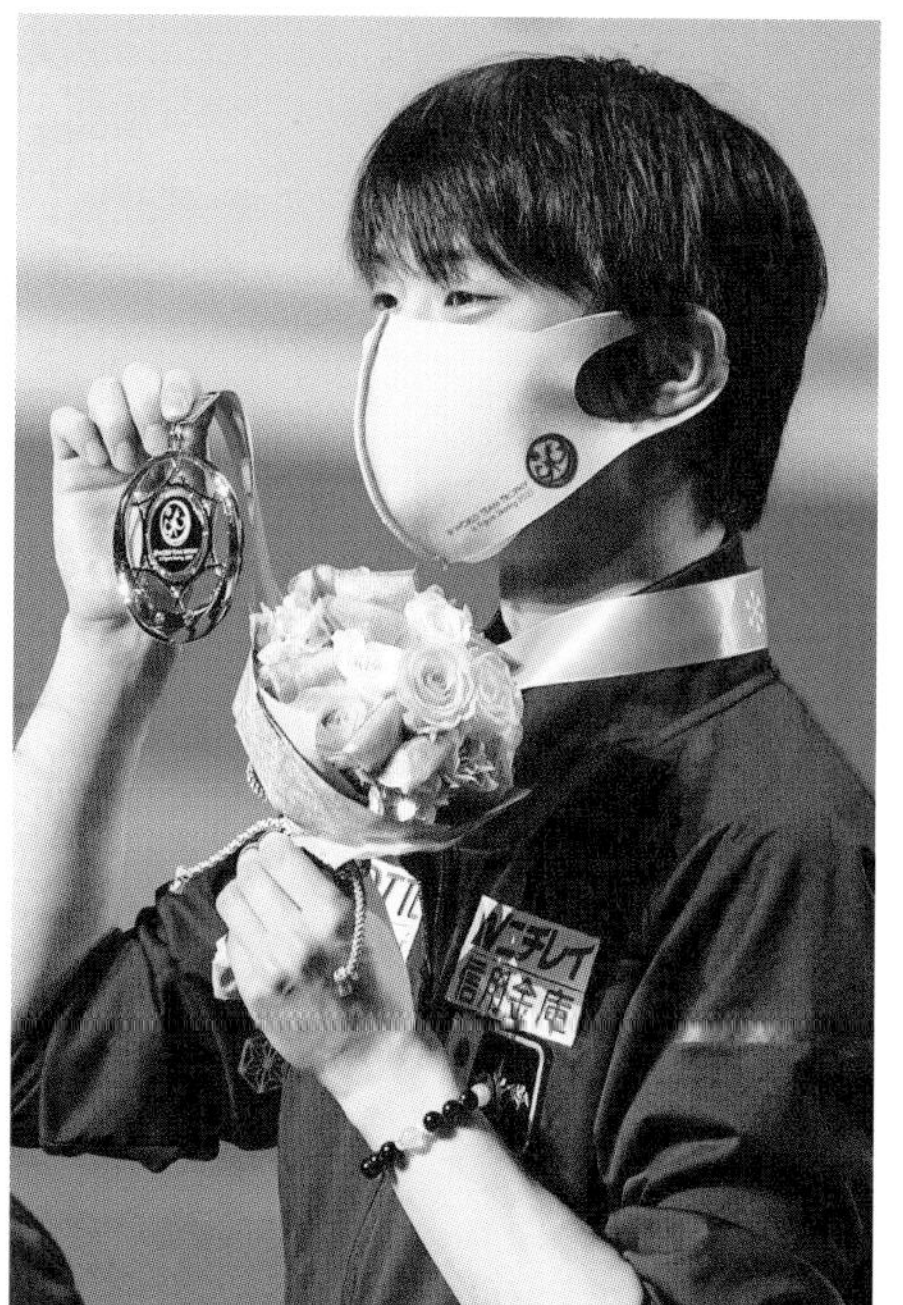

上：記念撮影する羽生ら日本チームの選手　下：順位点合計で3位となり、表彰台でメダルを手に笑顔の羽生結弦（ともに2021年4月17日）

4月17日の世界国別対抗戦最終日（丸善インテックアリーナ大阪）、各種目の順位合計で日本は3位となり、2017年以来2大会ぶりの優勝は叶わなかった。ロシアが初優勝を果たし、アメリカが2位だった。

女子フリーで坂本花織（シスメックス）が150・29点をマークし、2位となった。ショートプログラムに続いて自己ベストを更新。女子の1位は世界選手権覇者でロシアのアンナ・シェルバコワ。紀平梨花（トヨタ自動車）は5位に終わった。

ペアのフリーは三浦璃来、木原龍一組が130・83点の自己ベストで、ショートに続き3位だった。

2021

4回転半にトライ、公式練習で6度転倒

上:公式練習でクワッドアクセルに挑戦し、最後のジャンプも成功せず悔しがる羽生結弦(2021年4月17日、丸善インテックアリーナ大阪) 下:エキシビションでの演技を終え、笑顔を見せる羽生(2021年4月18日)

4月17日、羽生結弦はエキシビション用に設けられた公式練習で、クワッドアクセル(4回転半)に挑戦。結果は転倒が6度。回転が抜けたと見られるジャンプも5本ほどあった。

これまで誰も試合で決めたことがない4回転半について、「最終目標。幻想のままにしたくない」と羽生は語り、強い意欲を示している。

成功に近づいている実感はあるが、今季はプログラムに組み込めなかった悔しさがあり、16日の世界国別対抗戦・フリー後には「今の知識、経験、いろんなものを結集させて、来季4回転半を目指す」と話した。

2021

「限界に挑む」4回転半を語る

上:公式練習でクワッドアクセルに挑戦する羽生結弦　下:表彰式を終え引き揚げる羽生(ともに2021年4月17日、丸善インテックアリーナ大阪)

世界国別対抗戦に出場した羽生結弦が4月18日、オンライン取材に応じ、前人未到のクワッドアクセル(4回転半)成功を目指す来季へ向けて「がむしゃらさを備えつつ冷静にいろんなことを分析して、自分の限界に挑み続けたい」と決意を語った。

この日のエキシビションのために設けられた17日の公式練習で、フリー曲「天と地と」の冒頭の流れで4回転半に何度もトライした。五輪連覇の羽生でも「高くなると完全に体が拒絶反応を起こす。高さと回ることの両立がかなり難しい」。転倒するたび、大きな衝撃音が響いた。

リンクには3月の世界選手権で3連覇を遂げたアメリカのネーサン・チェンらもいた。「試合の場所でやることに意義がある。上手な選手がいる中でやった方が刺激があり、イメージも固まりやすいかなという意味も持っていた」と羽生は狙いを説明した。

世界選手権後には「あと8分の1回れば立てる」と話していた。それだけに今回の挑戦には「全然いい時のジャンプにならず、非常に悔しかった。本当はもっと近くなっている」と振り返った。

2021

4回転半に向けて「必ず」

世界国別対抗戦・公式練習でクワッドアクセルに挑戦する羽生（2021年4月17日、丸善インテックアリーナ大阪）

7月9日、羽生結弦は横浜市で行われたアイスショー出演後に取材に応じた。

来年2月に北京五輪が控える今季の目標について、「絶対に金メダルを取りたいという気持ちは特にない。ただ、必ずこのシーズンで4回転半を決めるんだという強い意志はある」と語り、前人未到の大技クワッドアクセル成功への決意を示した。

羽生は東京五輪に関する質問にも答えた。開幕が迫る中、1都3県で無観客開催が決まるなど新型コロナウイルスの影響を受けているが、「選手にとっては夢の舞台。こんな時だからこその感動が生まれるのではないかと思っている」と述べた。

10月18日には、22日開幕のスケートアメリカから始まるグランプリシリーズに臨む日本の有力選手がコメントを発表。羽生はクワッドアクセル成功に向けて「一番の目標。そこに向かって今、全神経と全気力を使っている感じ」と意気込んだ。

上下:アイスショー「ドリーム・オン・アイス2021」で演技する羽生結弦(2021年7月9日、横浜市・KOSÉ新横浜スケートセンター)

2021

右足首負傷のためNHK杯欠場

アイスショー「ドリーム・オン・アイス2021」で演技する羽生結弦(2021年7月9日、横浜市・KOSÉ新横浜スケートセンター)

11月4日、日本スケート連盟は、羽生結弦が右足首のけがのため、12～14日に国立代々木競技場で開催予定のグランプリシリーズ第4戦のNHK杯を欠場すると発表した。

羽生は右足首の関節靱帯を損傷。けがの程度や全治までの期間は明らかにしていない。北京五輪が控える今季は世界初のクワッドアクセル(4回転半)成功を最大の目標に掲げ、NHK杯は初戦となる予定だった。

羽生は連盟を通じ、「たった一度の転倒でけがをしてしまい、とても悔しく思っている。少しでも早く氷上に立つことを目指し、競技レベルに戻るまでの期間をなるべく短くできるように、努力していく」とコメントを発表した。

右足首はこれまでも負傷してきた箇所だ。平昌五輪シーズンでは2017年11月のNHK杯直前に痛め、翌シーズンはグランプリファイナル欠場の要因となった。

上：世界国別対抗戦・公式練習でクワッドアクセルに挑戦し、転倒する羽生（2021年4月17日、丸善インテックアリーナ大阪）
下：世界選手権に向けた練習で言葉を交わす羽生結弦とブライアン・オーサー・コーチ（2019年3月19日、さいたまスーパーアリーナ）

「ここまで最善の方法を探し、考えながら練習してこられたと思っている。今回のけがからもまた何かを得られるよう、考えて、できることに全力で取り組む」と、羽生はけがに向き合う姿勢を示した。

羽生が欠場を決めたことについて、ブライアン・オーサー・コーチは「彼の才能と直感、望む方向を信頼している」と語った。国際オリンピック委員会（IOC）の公式サイトが11月6日に伝えた。

新型コロナウイルスの感染拡大後、羽生はオーサーが拠点とするカナダではなく、日本で調整している。オーサーは、来年2月の北京五輪に向けた考えや、けがからの回復と復帰に関しては本人次第だとした上で「どんな意向であれ、チームは彼を支える」と述べた。

11月17日に日本スケート連盟は、羽生がグランプリシリーズ第6戦のロシア杯（26～28日、ソチ）も欠場すると発表した。

羽生は連盟を通じて「動きによっては痛みが出てしまうが、日常生活では痛みの影響がなくなってきた。まだスタートラインにはたどり着いていないが、着実に前に進んでいく」とコメントを発表。同連盟の竹内洋輔フィギュア強化部長は「練習は少しずつ再開していると聞いている」と話した。

来年2月の北京五輪での日本男子の代表枠は3。最終選考会となる12月下旬の全日本選手権出場は必須だが、過去の世界選手権で3位以内の実績がある選手がけがなどの理由で参加できない場合、負傷前の成績で選考されることがある。

世界選手権2度優勝の羽生は、前回の平昌五輪シーズンでも右足首のけがで全日本選手権を欠場しながら五輪連覇を達成した。竹内は「4年前の経験もある。しっかり回復してくれれば競技力を戻してくれると思っている」と述べた。

2021

北京五輪目指し、全日本で4回転半挑戦へ

上:全日本選手権の開会式に臨む羽生結弦(2021年12月22日、さいたまスーパーアリーナ)　下:全日本選手権・男子フリーで演技をする羽生(2021年12月26日)

12月23日、羽生結弦は全日本選手権の公式練習後、さいたまスーパーアリーナで取材に応じた。3連覇が懸かる来年2月の北京五輪について「腹をくくった。覚悟はしたという感じ」と述べ、出場を目指す意向を示した。公の場で明確に語ったのは初めてのことだ。

羽生は前人未到のクワッドアクセル(4回転半)成功を最大の目標に掲げてきた。しかし、右足首を負傷して11月のグランプリシリーズ2戦を欠場。自身の今季初戦となる全日本選手権で連覇を果たせば五輪代表に決まる。優勝を逃しても、実績から男子3枠に入る可能性が高い。

右足首のけがは練習でジャンプの際に負ったもので、今は不安はないという。これまでに何度も痛めてきた箇所だけに「右足の捻挫に関しては知り尽くしている」と言い、経験を踏まえて治してきた。

今大会のフリーでは、試合で初めて4回転半を組み込む考えだ。今のところ、練習できれいに決めたことはないという。

この日は「軸をつくること」を意識して跳び、回り切れず両足着氷だったものの、成功に近づいている印象を抱かせた。「皆さんが僕にしかできないと言ってくださるのであれば、全うするのが使命」と決意を述べた。

2021

ブランクあっても圧巻、SP首位発進

12月24日、全日本選手権第2日に男子ショートプログラム（SP）が行われた。今季初戦ながら大会連覇が懸かる羽生結弦は、111・31点の高得点をマークし、首位に立った。

「最初の4回転サルコーが決まった段階で、少し落ち着いて演技できた。（フリーは）もちろん4回転半に挑戦する。最後の最後まで、けがをしないように気をつけながら頑張りたい」と、羽生は語った。

右足首のけがもあって、実戦のリンクは8カ月ぶりだった。それでも羽生は期待に応えるように、圧巻の演技を見せた。

非公認ながら自己ベストに0・51点まで迫るハイスコア。冒頭の4回転サルコーは出来栄え点（GOE）が満点に近く、後半のトリプルアクセルも鮮やか。4回転－3回転の連続トーループは二つ目がやや詰まり「大きく耐えてしまった」と満足しなかったが、加点はついた。

上：全日本選手権・男子ショートプログラムで演技する羽生結弦　下：演技を終えた羽生（ともに2021年12月24日、埼玉・さいたまスーパーアリーナ）

新しいショートプログラムの曲は、ピアニストの清塚信也が編曲した「序奏とロンド・カプリチオーソ」。クワッドアクセル（4回転半）の習得を目指す中で壁にぶつかり、また光を見いだしてきた自分の歩みを重ね合わせている。演技構成点の「音楽の解釈」は10点満点だった。

ジャンプ以外にも見せ場があふれ、「エキシビションのように感情を込めて滑っている」と羽生は語る。曲調が激しくなる終盤のステップは熱く、スピンをほどいて最後に右拳を突き上げると、大きな拍手が降り注いだ。羽生はその拳をそっと胸に近づけた。試合を想定した練習ではショートをミスなく滑り切ったことはなかったという。本番に合わせてくるのは、さすがだった。

26日のフリーで、いよいよ4回転半に挑む。「体を回復させて、集中力を高めながら頑張りたい」。前人未到の大技成功に期待が高まる。

全日本選手権・男子ショートで演
技する羽生（2021年12月24日）

2021

4回転半決まらずも夢へ一歩

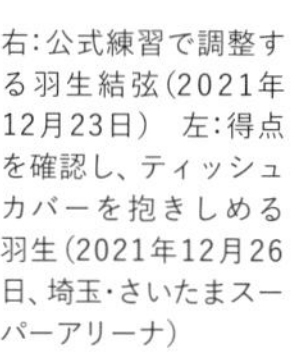

右：公式練習で調整する羽生結弦（2021年12月23日）　左：得点を確認し、ティッシュカバーを抱きしめる羽生（2021年12月26日、埼玉・さいたまスーパーアリーナ）

全日本選手権・男子ショートプログラム首位の羽生結弦は、12月26日のフリーに向けた公式練習で、史上初の成功を懸けて投入するクワッドアクセル（4回転半）の調整に励んだ。両足着氷や回転が抜けたジャンプを含め、10回ほど跳んだ。

昨季に続いて使用する「天と地と」の曲がかかった際には、冒頭で跳んで転倒した。演技を中断して、踏み切った場所を確認する様子を見せた。

習得を目指してきたこの数年間、練習できれいに降りたことはないという。それでも「皆さんが僕にしかできないと言ってくださるのであれば、それを全うするのが僕の使命」と決意し、歴史的瞬間へ向かう。

26日、フリーに登場した羽生を会場を埋めた観客が固唾をのんで見守った。羽生が試合で初めて跳んだ前人未到のクワッドアクセルは、両足での着氷。回転が足りず、出来栄え点（GOE）も3・89点の減点だった。

4回転半ジャンプの成功には、高さも回転の速さも、求められるレベルが変わる。

「10割というか11割くらいの力で（体を）回して、ギリギリ4分の1（回転）足りないくらいでこけるみたいなことはある」

軸のつくり方も他のジャンプと勝手が違い、「（回転と軸を）両立したものは、ちょっと難しい」とも羽生は話していた。

ただ、今回の4回転半で見せたジャンプの浮き上がりと軸には羽生らしい美しさがあり、可能性を感じさせた。練習できれいに降りたことがない中、全日本での挑戦は、夢へ近づくための一歩になったことは間違いない。

「頑張ったなという感じ。跳べるんじゃないかと思っていただけたと思うけど、正直まだいっぱいいっぱい」

そう振り返る表情は、どこか晴れやかだった。

意を決して冒頭に組み込んだ大技を失敗しても、演技を高い水準でまとめるのが羽生のすごさだ。ショート、フリーの合計322・36点をマークして2年連続6度目の優勝を果たし、3大会連続で五輪代表入りを決めた。

「正直ほっとしている。6分間練習の前から泣きそうで、今までの頑張ってきたことを思い出して、かなり苦しかった。（4回転）アクセルよりも、楽曲とプログラムにリスペクトを持ってできたのが良かった」

「腹をくくった」と出場の意志を示した北京五輪の開幕まで1カ月余り。94年ぶりの男子3連覇が懸かる舞台にゴールはあるのか。

「これからも頑張ります」。王者の挑戦は続く。

上:全日本選手権・男子フリーでクワッドアクセルに挑戦する羽生の連続合成写真
下:表彰台でトロフィーを見つめる羽生(ともに2021年12月26日)

一問一答 QUESTIONS & ANSWERS 09

「皆さんの夢だから」

全日本選手権を連覇し、北京五輪代表入りを決めた羽生結弦の一問一答は次の通り。

――演技を振り返って。

疲れた。ただ4A（4回転半ジャンプ）込みで通す練習ができていたので、何とか持ったかなという印象。（4回転）ループとは比べものにならないくらい、体力の消耗はあった。

――4Aの出来栄えは。

頑張ったなという感じ。まだいっぱいいっぱい。

――五輪でも挑戦を続けるか。

NHK杯の前に捻挫して、ストレスで食道炎になった。1カ月間、何もできなかった。その時点でやめちゃおうかなと思ったが、ジャンプを降りたいと言っている自分がいる。もうちょっとだけ頑張る。

――やめようと思ってからの過程は。

自分の中でも焦っていて、早く跳ばないと体がどんどん衰えていくのはわかった。いろいろ考えた結果、せっかくここまで来たなら、みんなの夢だから。皆さんが僕に懸けてくれている夢だから、自分のためにももちろんあるが、皆さんのためにも叶えてあげたいなと思った。

――五輪への意気込みを。

北京五輪を目指す覚悟を決めた背景には、4Aを決めたいという気持ちが一番強くある。その上で優勝を目指したい。

写真：全日本選手権で優勝した羽生（2021年12月26日、埼玉・さいたまスーパーアリーナ）

2021

北京五輪でも4回転半に挑戦

北京五輪代表最終選考会を兼ねた全日本選手権の閉幕から一夜明けた12月27日、代表に決まった選手がオンラインで取材に応じた。羽生結弦は、「今のところは負ける確率が間違いなく平昌五輪より高いと思うが、勝ちにいかなければならない」と五輪3連覇を目指す決意を語った。

北京五輪では、全日本で回転不足になったクワッドアクセル（4回転半）に再挑戦する考えを示し、史上初の成功に向け「しっかりGOE（出来栄え点）をつけられる構成にしたい」と述べた。

今年7月には「絶対に金メダルを取りたい、という気持ちは特にない」と話していた。いつ、どんな心境の変化があったのか。

羽生は、代表のジャージに袖を通した時に「これが五輪。勝ちに行かないといけないんだな」と思ったと打ち明けた。日の丸を背負う責任や、勝負師としての本能が再び湧き出た。

全日本では国内大会のため非公認ながらショート、フリーとも今期世界最高を上回る合計322・36点。今月27歳になった王者は「今が一番うまいです。間違いなく」と言った。

この日は、全日本選手権のエキシビションも開催された。最後に登場した羽生は「レット・ミー・エンターテイン・ユー」を舞い、白が基調の衣装で熱のこもったステップを披露した。

上：エキシビションで演技する羽生結弦（2021年12月27日、埼玉・さいたまスーパーアリーナ）　下：北京五輪代表が決まり、記者会見で抱負を語る羽生（2021年12月26日、埼玉・さいたま市中央区）

公式戦大会記録

月	大会名	合計	SP	FS	開催地
2	北京五輪	283.21 (4位)	95.15 (8位)	188.06 (3位)	中国・北京

2022年までの戦績

五輪	世界選手権	四大陸選手権	全日本選手権	GPファイナル
金メダル／2回 (ソチ・平昌) 4位(北京)	優勝／2回 2 位／3回 3 位／2回	優勝／1回 2 位／3回	優勝／6回 2 位／1回 3 位／1回	優勝／4回 2 位／2回

2022

3連覇へ向け北京で初練習、4回転半「絶対必要」

1〜3.北京入りし、現地で練習する羽生結弦（2022年2月7日）

94年ぶりの五輪3連覇を目指す羽生結弦（ANA）は、2月6日に北京入り。翌7日、会場に近い練習用リンクを使い、現地で初めて練習した。「集中しながら練習できた。いい感覚」と振り返った。

3連覇とともに、前人未到のクワッドアクセル（4回転半）の成否が焦点となる。

フリーの曲「天と地と」をかけた際に冒頭で転倒。35分間の練習で8回ほど挑んだが、いずれも転倒や両足での着氷、回転が抜けたジャンプだった。

現地入りするまでの練習でも「まだ成功しない」と明かした。「やっぱり難しいと思いながらやっているが、どうしても達成したい目標でもある」と話し、挑戦を貫く考え。「この五輪で上に行くためには絶対に必要」とも述べた。

過去の2大会より厳しい戦いになることは覚悟している。「今までの五輪は、（力を）出し切れば勝てる感覚でやってきた。今回はまだ成長しなくてはいけないところがある」と、羽生は冷静に話す。

日本が銅メダルを獲得した団体のメンバーには入らず、個人戦に専念。8日のショートプログラムへ向け、「愛情を持って、できることを一つずつ積み重ねたい」と意気込みを語った。

一問一答
QUESTIONS & ANSWERS
10

「まだ成長しなくては」

北京入りしてから初めて練習した羽生結弦の一問一答は次の通り。

―練習を振り返って。

最終的には集中しながら練習できた。いい感覚だった。

―ここまで最も力を入れてきたことは。

4A（4回転半）の練習はかなりやってきた。やっぱり難しいと思いながらやっているが、どうしても達成したい目標でもある。自分自身がこの五輪で上に行くためには絶対に必要。

―過去2大会との違いは。

今までの五輪は、練習してきたことや降りてきたジャンプなど、（力を）出し切れば勝てる感覚だった。今回はまだ成長しなくてはいけないところがある状態。全日本選手権でもそうだったが、やっぱり五輪という舞台での緊張感は特別。

―4回転半はこれまでに成功しているか。

まだ成功していない。こっちに来ての感触はかなり浮きもいいし、回転のかけ方も割とやりやすい。まずは回転しきりたい。

―ショートプログラムに向けて。

（フリーで投入する）4Aのことをすごく考えてしまうが、ショートにも愛情を持って、まずはできることを一つずつ積み重ねたい。

写真：北京五輪・公開練習での羽生（2022年2月7日、中国・北京）

2022

コロナ禍と葛藤の先に ―― 羽生、また戦いへ

右：五輪３連覇への意欲を表すように、指で３を示す羽生（2022年２月３日、日本スケート連盟公式ツイッターより） 左：北京入りして練習する羽生（2022年２月７日）

五輪について、羽生結弦はこう語ったことがある。

「それを取ってこそチャンピオン。競技者として、フィギュアスケートというスポーツで一番に目指すべきゴール」

ただ、北京を目指すことが正しいのかどうか、揺らいだ。新型コロナウイルスの感染拡大が起きたからだ。

パンデミック（世界的大流行）が本格化すると、羽生も他の人々と同じく不安を抱いた。今よりもウイルスの実態が不透明だった2020年夏、その年のグランプリシリーズ不参加を表明。気管支ぜんそくという呼吸器系の基礎疾患を抱えるがゆえのリスクや、アスリートとして後遺症の影響を危惧した。

懸念はもう一つあった。「私が動くことによって多くの人が移動し、集まる可能性がある」。

応援してくれる人たちへの感謝の言葉を欠かしたことはない。だからこそ自分が感染拡大のきっかけになるようなことは避けたかった。

昨夏の東京五輪では1年延期が決まっても、開催の是非を問う議論は最後まで続いた。その渦中で北京五輪のことを聞かれると、「東京五輪ができていない状況で考えている場合じゃない」と言った。

宮城・東北高1年生の時、東日本大震災が発生。仙台市のリンクが立っていられないほど揺れ、死の恐怖にも直面した。「スケートができるのは当たり前ではない」という事実を痛感し、それをコロナ禍で再認識した。

暗いニュースが続く世の中で、自分の演技を見て「勇気をもらった」と言ってくれる人がいる。そのことも改めてわかった。

前人未到のクワッドアクセル（4回転半）への意欲は、より強くなった。

葛藤をさっぱり拭い去ったわけではないが、出る以上は何を求められているかわかっている。

「3連覇の権利を有しているのは僕しかいない。前回とは違った強さで五輪に臨みたい」

男子で94年ぶりの偉業へ。戦いが、また幕を開けた。

2022

「氷に嫌われた」万全期しても落とし穴

2月8日、北京冬季五輪第5日はフィギュアスケート男子のショートプログラムが行われた。3連覇を目指す日本のエース羽生結弦は、95・15点で8位。首位とは19点近い差が開いた。

誠実に競技と向き合い続けた羽生が「氷に嫌われちゃったな」と嘆いた。

ショートプログラムの冒頭で予定していた4回転サルコーは、体がふわりと浮いただけの1回転。演じ終えると、すかさず踏み切り位置の確認に向かい、氷を触る。そして恨めしそうに何かを口にした。

四方に礼をし、リンクを出る前にまたそこを見て、氷に触れた。「穴に乗っかりました」。

他の選手のトー（つま先）を突くジャンプでできたくぼみが、サルコーの踏み切りとちょうど重なった。自分が直前練習

上：北京五輪・ショートプログラムの演技に挑む羽生結弦　下：男子ショート冒頭のジャンプを失敗する羽生（ともに2022年2月8日）

上:男子ショートの演技を終え、リンクを触る羽生　下:演技を終え、キス・アンド・クライから引き揚げる羽生(ともに2022年2月8日)

で残したくぼみに足を取られ、苦い思いをすることがこれまでにもあった。この日はあえて本番と跳ぶ場所をずらし、万全を期したが、それでも落とし穴が待っていた。「何か悪いことをしたからこうなってしまったのか、としか考えられないくらいのミス」と羽生。何とか現実を受け入れようとした。

ただ、気持ちは切らさなかった。4回転―3回転の連続トーループは出来栄え点(GOE)で4・07点もの加点を引き出し、後半のトリプルアクセル(3回転半)も軽やかに跳んだ。序盤は優しく徐々に激しくなるピアノの調べに乗り、スピン、ステップも本来の羽生だった。

「長くいればいるほど、だれてくる」という理由で、現地入りは2日前。本番リンクで滑ったのはショート当日の朝に設定された30分間の公式練習が初めてだった。それも約20分で切り上げた。状態は「かなりいい」。それを全体の演技で示した。

フリーでは前人未到のクワッドアクセル(4回転半)成功を期す。「皆さんの思いを受け取りつつ、完成されたもの(演技)にしたい」。

94年ぶりの3連覇がたとえかすんでも、史上初の偉業へ果敢に挑む。

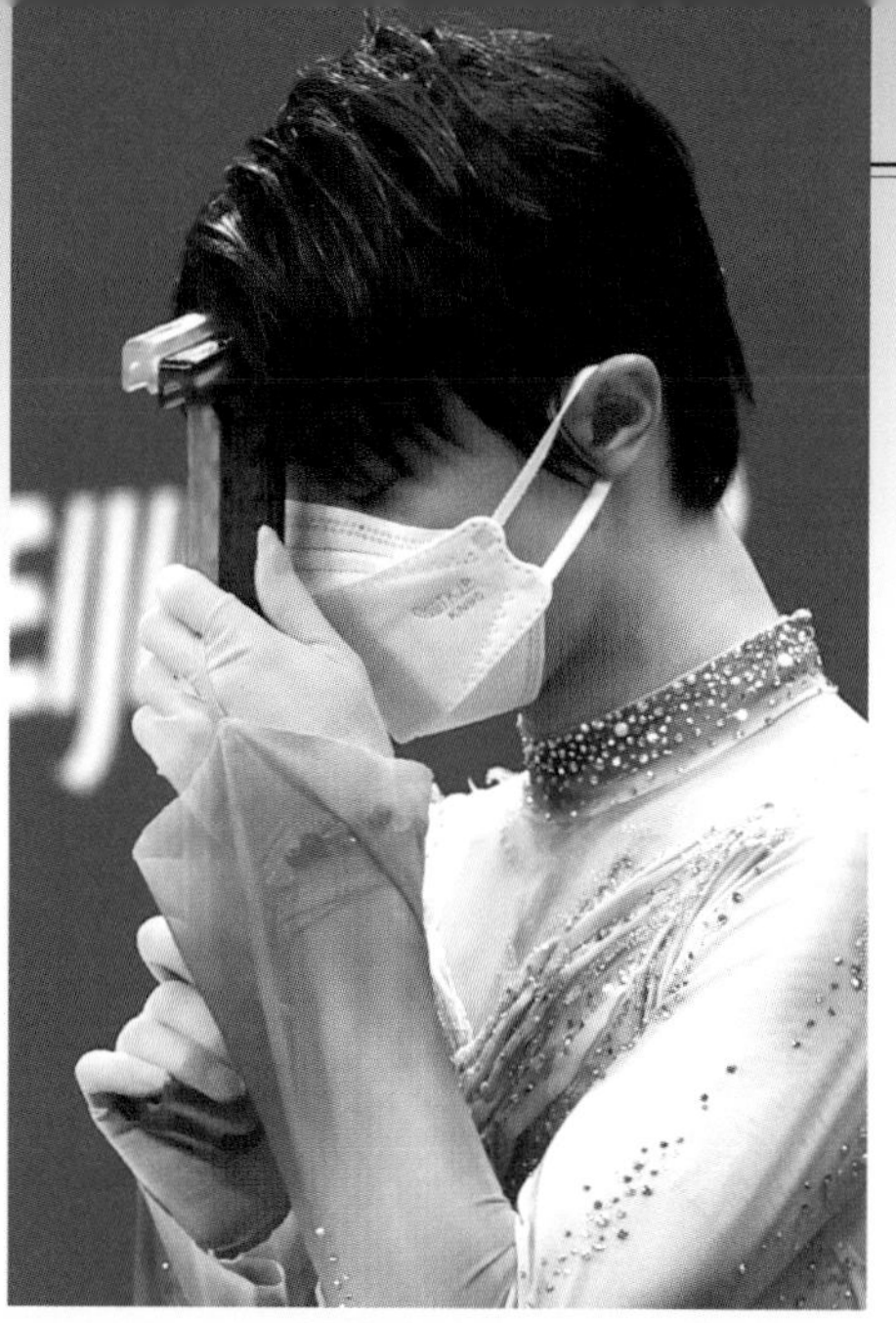

「穴に入った。しょうがない」

一問一答
QUESTIONS & ANSWERS
11

フィギュアスケート男子ショートプログラムで8位と出遅れた羽生結弦の一問一答は次の通り。

——サルコーのミスは。

穴に乗っかった。完璧なフォームで、完璧なタイミングでいったら穴に入った。トージャンプでの穴だったので、しょうがない。

——その後の気持ちは。

自分の感覚の中であればミスじゃない。気持ちを切らさず、プログラムとして成り立っていた。

——悔しさは。

それでも95点を出していただけてありがたい。他のクオリティーを高くできた自分を褒めたい。何か悪いことをしたからこうなってしまったのか、としか考えられないくらいのミスだった。

——五輪で強い気持ちは。

もちろんあった。何一つほころびもない状態だった。だからこそミスの原因を探すと整理がつかない。氷に嫌われちゃったなって思いながらやっていた。

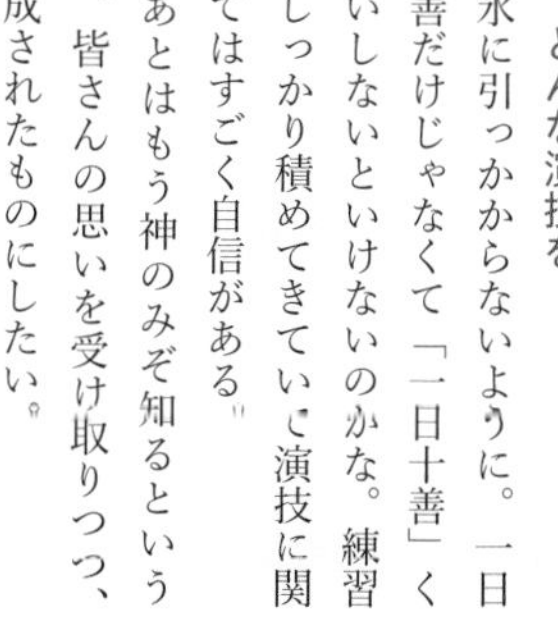

——フリーで4回転半は。

跳ぶ予定。難しいジャンプ。全てのことに集中し、プログラムのどのパートも集中し続けたい。

——どんな演技を。

氷に引っかからないように。一日一善だけじゃなくて「一日十善」くらいしないといけないのかな。練習をしっかり積めてきていて演技に関してはすごく自信がある。

あとはもう神のみぞ知るというか。皆さんの思いを受け取りつつ、完成されたものにしたい。

写真：北京五輪に出場した羽生結弦（2022年2月8日、中国・北京）

北京五輪・男子ショートの羽生結弦（2022年2月8日、中国・北京）

2022

謙信に自らを重ねて
——軍神宿る「天と地と」

「天と地と」のお披露目となった2020年の全日本選手権・フリーで演技する羽生（2020年12月26日、長野・ビッグハット）

ショートプログラム8位からの巻き返しを期す羽生結弦は、2月10日のフリーで「天と地と」を舞う。

海音寺潮五郎が上杉謙信らを描いた歴史小説をもとに、1969年に放送されたNHK大河ドラマのテーマ曲だ。

羽生は「上杉謙信公の戦いへの考え方には美学や、犠牲があることへの葛藤がある。最終的に出家し、悟りの境地まで行った謙信公の価値観と（自身の考え方は）少し似ているのかな」と感じたという。2020年12月の全日本選手権で、お披露目した。

謙信を祭る山形県米沢市の上杉神社・宮司の大乗寺真二は謙信について「優れた武将であり、文化人でもあった。茶道具を持っており、合戦の間に和歌を詠んだり琵琶を弾いたりしたそうだ」と話す。戦に臨んだのは、「領土を広げようという野心や私利私欲ではなく、困っている人のため。異彩を放つ人物だったと想像している」。

私利私欲ではない。これは誰も決めたことがないクワッドアクセル（4回転半）に挑む羽生にも通じるものがあるかもしれない。

「自分のためにっていうのももちろんあるけど、皆さんのためにも叶えてあげたい」と口にした羽生は、この曲の冒頭で4回転半を決めることを昨季からイメージし続けていた。

合戦で勝利を重ねた謙信は「軍神」の異名を持つ。大乗寺は羽生の演技を見て「軍神が乗り移っているような、怖いくらいの表情だった」と、まるで謙信の魂が宿ったように感じたことがあったという。

羽生がクワッドアクセルの習得を本格的に目指したのは、2018年の平昌五輪で連覇を遂げてからだった。「もう少しだけスケートに自分の人生を懸けたい。モチベーションは4回転半だけ」。前人未到の大技には、あらゆるタイトルを獲得し

上:2020年の全日本選手権・フリーで演技する羽生結弦(2020年12月26日)
下:北京五輪・男子フリーに向けて練習する羽生(2022年2月9日)

てもなお、情熱を傾ける価値があった。

もともと、羽生は前向きで踏み切って半回転多いアクセルジャンプに「質、量ともに一番費やした」と、こだわりを持っていた。トリプルアクセル（3回転半）は軸がきれいで回転も速い。高さも幅も際立っている。

だが右足首のけがなどもあり、クワッドアクセルを試合で初投入できたのは昨年12月の全日本選手権だった。

「正直、平昌の次のシーズンで降りられると思っていた。それぐらいアクセルには自信があるし、4回転半がそんなに大変と自覚していなかった」

壁は予想以上に高かった。何度も氷の上に倒れ、「脳震とうで死んでしまうのではないか」と恐怖を感じた。練習をすれば他のジャンプが崩れ、3回転半が跳べなくなった時期もある。

新型コロナウイルスの影響で、コーチのブライアン・オーサーがいる拠点のカナダに戻れず、国内での孤独な戦い。くじけそうになっても立ち上がってきたのは、「みんなの夢だから」。多くの応援の言葉が支えになった。

2022

「みんなの夢」を乗せて4回転半への挑戦

北京冬季五輪第7日となる2月10日、男子フリーが行われた。

ショート8位と出遅れた羽生結弦は、冒頭の4回転半ジャンプを失敗するなど、283・21点の4位。3連覇はならなかった。

羽生にとって、2度目のクワッドアクセル（4回転半）挑戦。「絶対に降りる」と決意を固め、氷に打ちつけられるのもいとわず、回り切ることに最大の意識を置いた。しかし、回転を満たせずに転倒。「今できる羽生結弦のアクセルのベストがあれかな」と、無念さをぐっと胸にしまい込んで、言葉を紡いだ。

感触は良かった。初めて挑んだ昨年12月の全日本選手権で

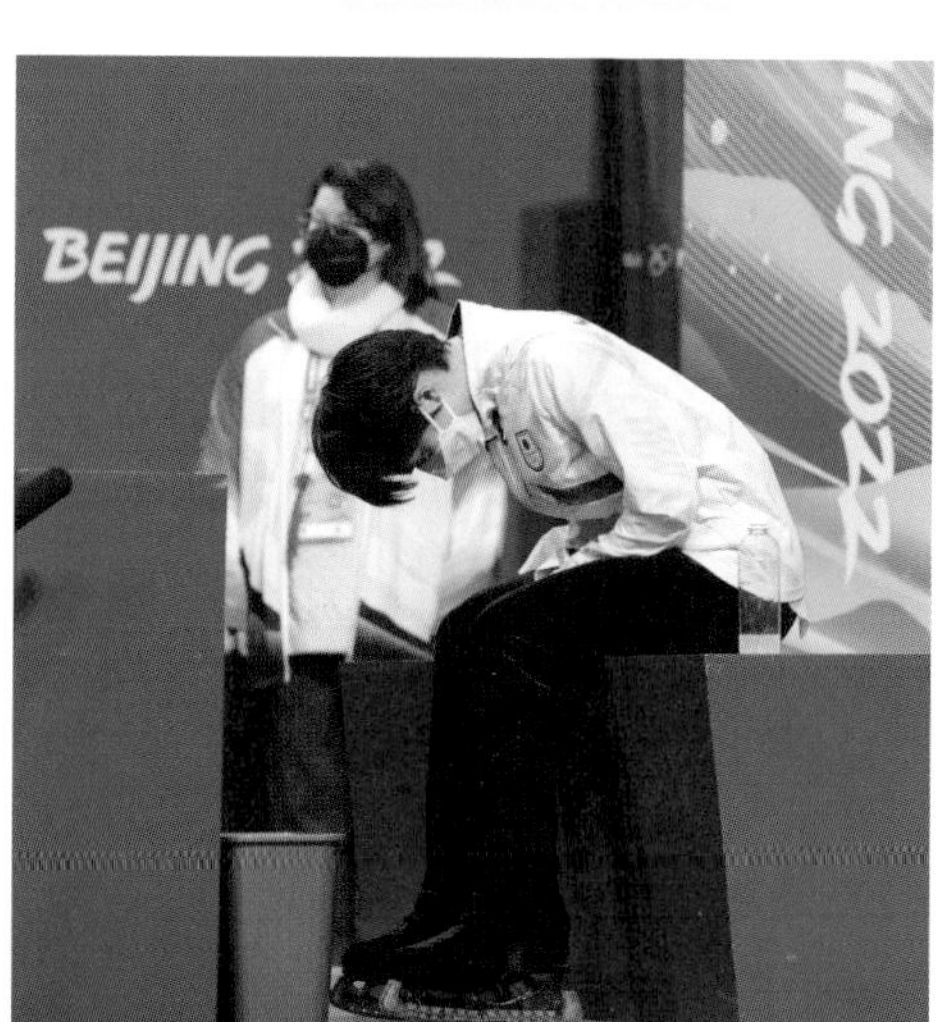

上：北京五輪・男子フリーでクワッドアクセルに挑む羽生
下：男子フリーでの演技を終えた羽生（ともに2022年2月10日）

北京五輪・男子フリーでの演技（2022年2月10日）

は、過度の回転不足で基礎点は3回転半扱いだった。そこからの進歩は示したが、やはり回転不足のマークはついた。

「これが4回転半の回転速度なんだ」と手応えをつかむも「ランディング（着氷姿勢）をつくるにはちょっと危険過ぎて、人間にはできないのかもしれない」とも感じた。

「正しい努力をして、考え得る全てをやってきた」とはっきりと言える。ショートでは不運なミスがあり「ああ、報われねえな」と投げやりになりかけたが、気持ちを切らさなかった。

男子94年ぶりの五輪3連覇も、表彰台も逃した大会。「挑戦し切った、自分のプライドを詰め込んだ五輪だった」と羽生は語気を強めて語った。

「最終目標」と位置付ける4回転半。挑戦は続くか問われた羽生は「もうちょっと時間をください。ちょっと考えたいです。それくらい、今回はやり切っています」と答えた。

確かに近づいてはいるが、ゴールはまだ見えない。壁は、どこまで高いのか。

一問一答

QUESTIONS & ANSWERS

12

僕なりの「4回転半」

五輪3連覇を逃した羽生結弦の一問一答は次の通り。

――3度目の五輪を終えて。

今できる羽生結弦の（クワッド）アクセルのベストがあれかなという感じもしている。

――楽しめたか。

全然楽しくなかった。いっぱいいっぱい。

――五輪とは。

一言では言えない。ソチは（完璧な演技ではなく）悔しいながらも勝ち、ある意味では成長できた。平昌はその成長を全部出し切れた。今回は、ちょっと時間がたつと見えてくるものもあるかもしれないが、挑戦し切った、プライドを詰め込んだ五輪だったと思う。

――右足の状態は。

詳しく話すかどうかすごく悩んでいる。勝てたら言ってもいいかなと思っていたが。いろいろ手を加えていただき、何とか（リンクに）立てた。

――フリーに向けて一番強く思ったことは。

絶対にアクセルを降りる、絶対回り切る、自分のスケートを出し切ると思っていた。

――4回転半の手応えは。

手応えはすごく良かった。「これが4回転半の回転の速度なんだ」と。ここからランディング（着氷姿勢）をつくるには、ちょっと危険過ぎて、

写真：北京五輪・男子フリーでの演技（2022年2月10日、中国・北京）

1

2

3

人間にはできないかもしれないが、
僕なりの4回転半はできていたかな
と思っている。

——4回転半への挑戦は続くのか。

もうちょっと時間をください。
ちょっと考えたいです。それくらい、
今回はやりきっています。

1.北京五輪・男子フリーの演技を終え、右足首を触る羽生結弦　2&3.北京五輪・男子フリーの演技（ともに2022年2月10日、中国・北京）

2022

羽生結弦、自身の今後を語る

北京五輪・男子フリーでの演技（2022年2月10日）

北京五輪で4位に終わった羽生結弦が2月14日、北京市内のメインプレスセンターで記者会見を行った。転倒したものの五輪史上初の挑戦となったクワッドアクセル（4回転半）について「自分の中で最高のアクセルができた」と述べ、一定の満足感を示した。

羽生は2018年の平昌五輪で連覇を遂げた後、前人未到の4回転半成功を最大の目標に掲げてきた。北京五輪では現地入りしてからの練習で、着氷する際に右足首を捻挫。その上で挑んだが、回転不足の転倒に終わった。今後の4回転半挑戦は「まとまっていない」と明言しなかったが、「完成しちゃったのでは、と思う自分もいる」とも話した。

金メダルに輝いたアメリカのネーサン・チェンについては、「五輪の金メダルは本当にすごいこと」と祝福。自身が3連覇を逃したことについては「重圧からは解放されたが、2連覇した人間として、胸を張っていられるように」と語った。五輪は最後かと聞かれ「ちょっとわからない。まだ滑ってみたい気持ちはある」と含みを持たせた。

会見に先立ち、羽生は会場近くの練習用リンクで軽めに滑った。リンクに上がったのは、フリーが行われた10日以来で4日ぶり。「滑ってはいけない期間だったが、どうしても滑りたいと思った」と説明した。今後に向けて「これからも羽生結弦として、大好きなフィギュアスケートを大切にしながら究めていけたらと思う」と話した。

その意味について20日のエキシビション後の取材で聞かれると、「フィールドは問わない。アイスショーなのか競技なのかわからないが、どっちにしろ、皆さんにやっぱり羽生結弦のスケートが好きだと思ってもらえる演技を続けたい」と説明した。

来月下旬にフランスで開催される世界選手権出場については「僕の今後も含めて、まだけ

1.北京五輪・男子フリーで4回転半ジャンプに挑む羽生結弦。15枚の写真を合成したもの（2022年2月10日）　2.記者会見する羽生（2022年2月14日）　3.男子フリーでの演技を終えた羽生（2022年2月10日）

じめがついていないところもある。いろいろ考えながら、総合的に判断して世界選手権は決めたい」と語った。

　エキシビションには痛み止めを飲んで臨んでおり、「足首はちゃんと休ませてあげようかなと思っている」と話した。

2022

王者の果敢な挑戦、生きざまを刻む

1.北京五輪・エキシビションで演技する羽生結弦　2.中国の柳鑫宇（リュウ・キンウ）に「お姫様抱っこ」をされる羽生　3.エキシビションに登場した公式マスコット「ビンドゥンドゥン」に抱きつく羽生（1~3.いずれも2022年2月20日）

2月20日、北京五輪上位選手らによるエキシビションが行われ、男子4位の羽生結弦らが華麗な演技を披露した。

羽生は清塚信也のピアノによる「春よ、来い」で優雅に舞い、「全ての思い、幸せ、自分のスケート人生のいろんなものも込めて、表現できたのではないかと思っている」と話した。

北京五輪を通じて世界的にも注目選手の一人として挙げられた羽生。94年ぶりの3連覇が懸かり、さらに前人未到のクワッドアクセル（4回転半）への挑戦も大きな関心を集めた。

ショートプログラムはまさかの展開となった。氷のくぼみに足を取られ、4回転サルコーが1回転になって、3連覇がかすむ8位。4回転半成功へ集中は途切れず、フリーの冒頭で果敢に挑んだが転倒した。4位でメダルすら逃した。

「皆さんの夢」とも受け止めていた4回転半は、羽生にとって「どうしても達成したい目標」だった。だが壁はまだ高かった。回り切ることに最大の意識を置いても回転不足と判定された。

「プライドを詰め込んだ五輪」。羽生は演技を終えて、そう表現した。練習でもきれいに降りたことがなかった4回転半を、3連覇が懸かった五輪で入れた。王者が失敗を覚悟で、五輪史上初となる大技への挑戦を決断。転倒しても「僕なりの4回転半はできていたかな」と言えた。

金メダルをつかんだ2014年のソチ、18年の平昌両五輪とは違い、北京から目に見える形として持ち帰れるものはない。思い入れの強い大技も決まらなかった。

それでも、羽生の生きざまは人々の記憶に深く刻まれた。

北京五輪・エキシビションで演技する羽生結弦（2022年2月20日）

2022

アイスショーで演技――北京五輪以来3カ月ぶり

「ファンタジー・オン・アイス」で演技する羽生結弦（2022年5月27日、千葉・幕張メッセ）

5月27日、千葉市内で行われたアイスショー「ファンタジー・オン・アイス」に、羽生結弦が出演した。公の場で演技するのは、2月20日の北京五輪エキシビション以来で約3カ月ぶり。

自身の演目では歌手のスガシカオの歌声に合わせ、情感を込めて舞った。公演の最後には4回転トーループとトリプルアクセル（3回転半）を続けて跳んだ。

羽生は北京五輪4位で94年ぶりの男子3連覇を逃し、フリーで五輪史上初めて挑んだクワッドアクセル（4回転半）は回転不足の転倒に終わった。五輪期間中に右足首を痛めた影響で、3月の世界選手権は欠場した。

羽生は北京五輪のエキシビション後、今後について「アイスショーなのか競技なのかわからないが、皆さんにやっぱり羽生結弦のスケートが好きだと思ってもらえる演技を続けたい」と話していた。

プロのスケーターとして、ここからがスタート

羽生結弦が「これから」を語ったプロ転向会見

2022年7月19日、羽生結弦が東京都内で「決意表明の場」としての記者会見を開き、今後は競技会に出場せず、アイスショーなどを中心に活動するプロに転向することを表明した。会見冒頭に本人からの決意表明があり、その後に質疑応答が行われた。

こんにちは、羽生結弦です。このたびはこのような場に皆さん集まってくださって、そして見てくださって、本当にありがとうございます。

最初にもう一つだけ感謝を述べさせていただきます。先の一部報道であった通り、いろんなことを言われてしまいましたが、その中でも自分のこと、そしてここまで応援してくださっているファンの方々を含め、いろんなことを考えながら、気持ちを大切にしていただきながら、自分が決意を表明することを、常にメディアで発信してくださった方々に対し、深く深くお礼をさせてください。本当にありがとうございました。

これまでたくさんの応援のおかげで僕はここまで来られました。ここまで頑張って来られました。そしてここにいてくださっているメディアの方々、カメラマンの方々も含めて本当にたくさん応援していただきました。そういった皆さんの応援の力の中で、羽生結弦としてフィギュアスケートを全うできるのが本当に幸せです。まだまだ未熟な自分ですけれども、プロのアスリートとして、スケートを続けていくことを決意いたしました。

本当に緊張してます。こんなしがない自分なので言葉遣いが悪かったり、噛んだりしても許してください。これからはプロのアスリートとして、競技者として他のスケーターと比べ続けられることはなくなりました。ただこれからは自分のことを認めつつ、また自分の弱さと、そして過去の自分とも戦い続けながら滑っていきたいと思っています。そして4回転半ジャンプにもより一層取り組んで、皆さんの前で成功させられることを強く考えながら、これからも頑張っていきます。どうか戦い続ける姿をこれからも応援していただけたらうれしいです。

そして一人の人間として自分の心を大切にしたり、守っていくという選択もしていきたいと思っています。僕がこれまで努力してきたこととかそういったことが、応援してくださる方々に評価していただいたり見てもらえたり、そこで何かを感じていただけたり。そんなことが僕は本当に幸せです。その幸せも大切にしていきたいなって思っています。

いろんな選択をしていく中で、失望したなとか、もう見たくないなとか思われてしまうととても悲しいですけど、それ

でも自分のスケートがやっぱり見たいなとか、見る価値があるなって思っていただけるように、これからももっともっと頑張っていきますので、どうか応援していただけたらうれしいです。

これまで応援してくださったたくさんの方々、今回もどんな決断でも、どんな時でも、今回のこんな会見でも「頑張れ」って、「緊張するだろうけど応援してるよ」って応援してくださるコメントを寄せてくださって、本当に僕はいつも救われています。本当にありがとうございました。

最後になりますが、羽生結弦として、いち人間として、ここまで育ててくださった幼稚園、小学校、中学校、高校、大学といろんな先生方、そしてフィギュアスケートを教えてくださった先生方、たくさんの先生方、本当にありがとうございました。

また自分の心を、自分のことを大切にしてくれた人たち、本当に、本当に本当にありがとうございました。

僕は自分の口から決意を言いたいなって思っていたので、事前に大切な人たちに言うことができなかったんですけれど、それでも何も言わずに自分のことを大切にしてくれて。僕もそういう方々が本当に大切だなと思ったし、またこれからも大切にしていきたいなって思いました。僕なんかのことを大切にしてくださり、本当にありがとうございました。

今までスケートを生で見たことがない方も含めて、「見て良かったな」「絶対見る価値があるな」とかそう思っていただけるように、これからもさらに頑張っていきます。そして4回転半ジャンプを含めて挑戦を続けて、これからもさらに高いステージに行けるように頑張っていきます。

これからはプロのアスリートとして、そしてスポーツであるフィギュアスケートを大切にしながら、加えて羽生結弦の理想を追い求めながら頑張っていきます。どうかこれからも戦い抜く姿を応援してください。今日は本当にありがとうございます。まだまだ自分の口から、自分の考えてきたことだけだと話せないことはいっぱいあるので、どうか質問を

スポーツであるフィギュアスケートを大切にし、羽生結弦の理想を追い求める

羽生結弦という存在に恥じないように生きてきたつもり。これからも羽生結弦として生きていきたい

いっぱいください。そしたらしゃべれると思うので。どうかよろしくお願いします。ありがとうございました。

――競技者として勝負の場から離れる決断に至ったのはなぜですか。その決断に対して寂しさはありますか。

寂しさは全然ないです。今回この会見の案内文を考えていた時に、今後の活動に関してみたいなことを書いていただいたんですけど、自分の中でなんかそうじゃないなーって思って。もっと決意に満ちあふれたものですし、もっともっと希望に満ちあふれたものだなと自分の中で思っていたので、むしろ今は自分としてはこれからも期待してやってくださいって、胸を張って言えるという気持ちでいます。

なので寂しさは特にないです。これからさらに頑張っていきたいと思いますし、試合という限られた場所だけじゃなくて、もっといろんな方法で自分のスケートを見ていただく機会があると思ってますし、つくっていきたいなと考えているので、ぜひ楽しみにしていただきたいです。

――オリンピックに3回出場して二つの金メダルを獲得し、多くの国民に夢や感動、希望を与えたと思います。ご自身が得たものも多いと思います。オリンピックを振り返り、一言で言うとどういうものでしょう。

オリンピックはもちろん自分にとっては2連覇できた、今の自分のこういう立場やこういう発言をさせていただく場所をつくってくれている大切なものたちだなと思うんです。それプラス、北京オリンピックで挑戦が成功したわけではないんですが、それでも自分が夢を追い続けたり、頑張り続けた、ある意味それを証明できた場所でもあったと思うので。皆さんがその姿を見て、「かっこいいな」「応援したくなるな」とか「自分も前に進もう」とか思っていただけるような機会になったことが、何よりもうれしいと思ってます。

オリンピックというものに全部意味付けをしてしまうと長くなっちゃうんですけど、僕にとっては生きている証というか、皆さんとともに歩み続けた、頑張った証でもありますし、これから頑張っていくための土台でもあると思います。

――競技会にはもう出ないという決断と捉えてよいでしょうか。その決断に至った経緯、揺れ動いたのかも含めて聞かせてください。

これから競技会というものに出るつもりはないです。僕がこれまでやってきた中で、もう競技会に対して、結果ということに対して、取るべきものは取れたなと思ってますし、そこに対する評価をも

ANA

う求めなくなってしまったという気持ちもあります。それがここに至った経緯です。

揺れ動いたりとかはもちろんあったんですけど、そもそも平昌オリンピックの時点でもう引退しようと思っていて。引退という言葉があまり好きじゃないので使いたくないんですけど。僕が16歳か17歳の時のインタビューで「2連覇したらどうするんですか」と言われた時に、「いやそこからがスタートです」って心の底から言える時期があって、いま本当にそういう気持ちでいます。

平昌オリンピックの時からプロのスケーターとして、プロのアスリートとしてスタートするんだって思ってたんですけど、4回転半だったり、四大陸選手権も含めて金メダルを取れていない試合が何個かあったので、それを取りたいと思って続けました。

4回転半にこだわり続けた結果、北京オリンピックまで続いたんですけど、今の自分としては別に競技会じゃなくてもいいじゃんって思ってしまっています。自分でこれから努力したい方向だったり、自分が理想としているフィギュアスケートという形だったりを追い求めるのは競技会じゃなくてもできるなって。むしろ競技会じゃないところの方が皆さんに見ていただけるんじゃないかなと思って、こういう決断をしました。

――これだけ実績を残され、社会の中でも羽生選手の言動が影響を与えたりしていますが、アスリート界でここまでの存在になれた、自分にしかない特徴などは何でしょうか。

自分でそういう実感があまりないのでわからないんですけど。ただ、今この場所にいる羽生結弦としては、客観視してすごく遠くから見たら羽生結弦ってどういう存在かなと思うと、たくさん応援していただけるからこそ、ここにいられるんですね。

別に羽生結弦が何かを持っているからとか、僕自身が何かをしてきたからとかいうんじゃなくて。いろんな環境の変化があったり、自分の演技を見ていただいたり、発言をさせていただく場所があったりすることで僕は特別に応援していただける、本当に運のいい人間なんだなと思っていて。皆さんに応援していただけるからこそ、ここで発言できるんだなと強く思います。僕自身もその期待に応えられるように、その期待をさらに超えていけるように頑張っていきたいと思えたので、そんな感じでやってこれたのかなと思います。

ただやっぱり僕はアスリートでしかないと思っていて。これからいろんな演技をしたり、スケートを続けていくに当たって、いろんな面が見えたりすると思うんですね。その中で、芸能人とかアイドルでもないですし、やっぱりアスリートとしてかっこいいな、アスリートとして希望とか夢を見せてもらえるなって思ってもらえるような存在として、これからも努力していきたいって思っています。

――競技者としてこれまで貫けたと思うこと、これからも貫いていきたいと思うことを教えてください。

常に挑戦し続けることは、これからも続けていきたいと思います。競技者としてのアスリートなのか、プロとしてのアスリートなのかって点に関しては線引きが曖昧で。じゃあ、ここで僕が「プロになりました」と言ったらプロなのかといったら、そういう世界なのでそうとしか言いきれないところがあるんですけど。でも僕は気持ちとしては、そんなに大きく変わったつもりはないです。

とにかくこれからも常に夢に向かって、目標に向かって努力していきたいと思いますし、より自分の発言に責任を持って、自分の行動に責任を持ってアスリートとしての活動を全うしていきたいという気持ちです。

――プロのアスリートとして今後の具体的な活動について、現時点で考えられていることはありますか。

具体的にいろいろと進めようとしていることはあります。まだ自分の頭の中の構成を伝えただけなので、実現できるかどうかもわからないし、具体的にそれを言うのははばかられてしまうので申し訳ないんですけど。

ただ、例えば競技者としてやってきた時は、試合前の露出や試合で演技をしたりとかそういったことに限られてきましたけど、もっと今の時代に合ったスケートの見せ方とか、「これだったら見たいかな」と思うようなショーだったり、応援してくださる方々が納得できるような演技だったり、そういったものを続けていきたいと思います。

――競技生活を離れようという決断に至った時期があったら教えてください。

競技者としてここで終了というか、プロになりたいと思うことはいろんな場面でありました。先ほども言ったように、平昌オリンピックが終わった段階でも思いました。

フィギュアスケートって現役がアマチュアしかないみたいな感じで、すごく不思議だと僕は思っているんです。甲子園に出場した選手が野球をそこまで頑張って、甲子園で優勝しました、プロになりましたっていうのは、それは引退なのかなって言われたらそんなことないじゃないですか。

僕はそれと同じだと思っていて。むしろここからがスタートで、これからどうやって自分を見せていくのか、どれだけ頑張っていけるのかが大事だと思っているので。

「いつプロに転向しようと考えたか」っていう話だと、毎試合毎試合思っていました。平昌オリンピックが終わって、試合が終わるごとに本当にいろんなことを考えて、「これ努力してる方向間違っているのかな」とか「頑張れていないのかな」とか考えながら競技をしてきました。

結果として、最終的な決断に至ったのは北京オリンピックが終わってからです。帰ってきてしばらくして、自分の足首を治すための期間というか、痛くて滑れなかったのでその期間にいろいろ考え

挑戦し続ける姿を見ていただきたい。期待していただきたい

た時に、もう別にここのステージにいつまでもいる必要はないかなって思って。よりうまくなりたい、より強くなりたいって思って決断しました。

――常により強くより高くというイメージが強いのですが、羽生選手を何がそこまでかきたてるのでしょう。

それはアスリートだからなのかなって強く思います。現状に満足したことは基本的にないですし、とにかくうまくなりたいなと思ってました。それがジャンプであったとしても、フィギュアスケートで求められている音楽的な表現であったとしても、常にうまくなることが楽しみというか、それがあったからずっとスケートをやっていられるなと思ってます。

自分の中では「スケート＝生きている」みたいなイメージがあって。生きる中でうまくいったり、いかなかったり、そこに対して何か言われたり、喜んでもらえたりということもあったり。そういったものがスケートの中で感じられるな、それこそが自分にとってのフィギュアスケートなのかなと思っているので。

記録が取れたから、最高得点が出せたから、難しいジャンプが跳べたからではなくて、普通に生きている中でもっと難しいことをやりたいとか、ちっちゃい頃だったらもっと褒められたいとか、そういった気持ちだけで頑張ってこられた気がします。

――昨年あたり「今の自分が一番うまい」とおっしゃっていたことが印象に残っており、もったいないとも思います。今後、競技会の緊張感が恋しくなることはありませんか。

競技会の緊張感が恋しくなることは絶対にないと言い切れます。それは先ほどお話しした、今後の活動についていろいろと考えている中で、競技会の緊張感を味わってもらえることをしたいなと思っているので。

競技会や大会をつくったりということは考えていないんですけど、皆さんが応援したくなるような羽生結弦って、挑戦し続ける姿だったり、独特の緊張感がある中での演技だったりだと思っているので。そういうのを感じてもらえるような、全力でやってるからこその緊張感を味わっていただけるようなスケートをしたいと思っているので、それはないかなと。むしろもっと緊張させてしまうかもしれないですし、僕自身もっと緊張するかもしれないです。それぐらい一つ一つの演技に自分の全体力と全神経をそそいで、ある意味では死力を尽くしたいです。

――羽生選手が戦ってきたのは4回転が過熱した時代で、今後他の選手の4回転アクセル挑戦や5回転も出てくるかもしれません。今後への期待や感想をお願いします。

僕がフィギュアスケートを始めて、すごく憧れを持った選手たちがトップだった時代は、4回転ジャンプがプログラムの中に2本入っていたらすごいことでした。今みたいに4回転ジャンプが何種類も跳べるわけではないですし、1種類で2本とか、トリプルアクセル（3回転半）があったりとか、そういう時代でした。それから4回転がなくなったり、4回転を跳ばなくても勝てる時代が来たりとか、いろいろあって現在に至っています。

でも僕が好きなフィギュアスケートはやっぱり僕自身が憧れた時代のスケートなんですね。あの時代、4回転ジャンプ3本跳んだら優勝かと言われたらそんなこともなく、トリプルアクセルいっぱい跳んだから勝てるのかと言われたらそんなこともなくて。もっと心から何かを感じられるような演技、この人の演技を見たいと思ってもらえるような演技をこれからもし続けたいと思っています。

これからの競技フィギュアスケート界というのがまたルールが変わったり、いろんなことがあるかもしれないですけど、僕が大好きだった時代の、理想のフィギュアスケートをさらに追い求めたいと思ってます。

――北京オリンピック後、「報われない努力だったかもしれない」と同時に「これ以上ないくらい頑張った」という発言がありました。競技者としての努力をどう振り返りますか。

平昌オリンピックで連覇した時点で競技を終え、プロとしてさらにうまくなっていきたいと思った時期があったという話をしましたが、あのままの自分だったら今の努力の仕方とか、どうやったらうまくなるかとか、それを感じられないまま終わってしまったかもしれないな、本当の意味で終わってしまったかもしれないなと思いました。

あの頃は4回転ジャンプのルッツ、フリップという、今の新時代を象徴するようなジャンプが増えてきている段階でした。またフィギュアスケートが一番うまくなれる時期っていうか、フィギュアスケーターってこれぐらいの年齢で競技終えるよねとか、停滞したり維持するのが大変だよねっていう年齢が、23歳とか24

アスリートとして現状に満足したことはない。常にうまくなることが楽しみ

引退でも何でもない。ここからさらにうまくなる。さらに見る価値がある演技にする

歳というのが定例みたいなものでした。

だけど僕自身は23歳で平昌オリンピックを終えて、それから今までジャンプの技術も含めてかなり成長できたと思っているんですね。どういう努力をしたらいいかとか、そういうのがわかったからこそだと思ってます。そういう意味で今が一番うまいんじゃないかなと思ってます。

その経験があったからこそ、たとえ30になろうと、40近くなっても、40までスケートをやっているかわからないですけど、「この年齢だからできなくなる」って思うことがなくなるんじゃないかとちょっとワクワクしてます。そういう意味では北京オリンピックまでやり続けて、これ以上ないくらい頑張ったと言える努力をしてこれて良かったと思います。

――羽生結弦として生きてきて大変だったこと、自身の存在が重荷になったことはなかったでしょうか。

僕にとって羽生結弦という存在は常に重荷です。すごい重たいです。

こうやって会見でお話しさせていただく時も、登壇させていただく時も、決意表明してくださいと言われた時もものすごく緊張して、今まで考えてきたことが全て吹っ飛んでしまうぐらい、手足も真っ青になってしまうぐらい緊張していました。

自分自身も完璧でいたいって強く願いますし、これからも完璧でいたいって、もっといい羽生結弦でいたいって思ってしまうので、これからもまた重いなって、いろんなプレッシャーを感じながら過ごすことになってしまうと思うんですけど。

でも、こういう姿を見て応援してくださる方々がたくさんいらっしゃいますし。北京オリンピックのように、自分の心がちょっと崩れてきてしまった時とか、あの時「努力が報われなかった」とか「報われない努力があるんだ」とか「幸せって本当に心の底から言えない」とかいろんな言葉を言ってしまいましたけど、そういった自分がいることもわかっていただいたり、そういう自分を応援してくださっている方々がいることもうれしいなとは思います。

いつも羽生結弦って重たいなと思いながら過ごしていますけど。それでも羽生結弦という存在に恥じないように生きてきたつもりですし、これからも羽生結弦として生きていきたいなと思います。

ただその中でも、先ほど話したように自分の心を蔑ろにすることはしたくないなと。これまで演技をしていくに当たって、本当に心が空っぽになってしまうようなこともたくさんありました。訳もな

く涙が流れてきたりとか、ご飯が通らなかったりとか、そういったことも多々ありました。正直、いわれのないことも言われたりとか、そんなにたたかなくてもいいじゃんと思うようなこととか、いろんなことがありました。

　いろんな人が信頼できなくなったり、誰を信用していいのかわからなくなったりすることもありました。でもそれはたぶん羽生結弦だからではなく、皆さんがそうで、大なり小なり皆さんがつらいんだと思っています。だからこそ僕自身がこれから生きていく中で、心を大切にしてもいいんじゃないかなって。心が空っぽになってしまう前に、自分のことを大切にしてきてくださった方々と同じように、自分自身も大切にしていかなきゃいけないなと思っています。

──「プロのアスリート」とおっしゃる羽生選手に、クワッドアクセル（4回転半）についての決意をもう一度お願いします。

　フィギュアスケートってそんな苦しいところを見せたらいけないと自分では思っていて。演技している時、めちゃくちゃ頑張ってるんですけど本当は。キス・アンド・クライという点数が発表されるところがあるんですが、そこで倒れ込むわけにいかないんですけど、僕ら本当に倒れ込むぐらい全力で毎回滑ってます。

　アイスショーって華やかな舞台やエンターテインメントみたいなイメージがあると思うんですけど、もっともっと僕はアスリートらしくいたいなって。もっともっと難しいことにチャレンジし、挑戦し続ける姿、戦い続ける姿を見ていただきたいな、期待していただきたいなと思って、今回この言葉たちを選びました。

　4回転半に関しては、北京オリンピックですごくいい体験ができたと思ってます。あの時は痛み止めの注射を打って、何も感じなかったからこそ、何も怖くなかったということがあって、本当に全力を出し切って4回転半に挑むことができたんです。

　いま現在は右足首の回復を待ったりとか、あの時は本当に4回転半のためにずっと努力していたと言っても過言ではないので、それに比べると最近はアイスショーがあったりして4回転半に時間を取れなかったので、あの頃よりも下手くそになっちゃってるかもしれないです。

　現在も4回転半の練習は常にやっています。実際に北京オリンピックと、そしてその前にもいろんな知見を得られたからこそ、もっとこうやればいいんだなという手応えがありますし、アイスショーに出させていただいたりする中でも毎日のように発見があって、そういう意味で、これからさらにうまくなっていけるんだなっていう自分への期待とワクワク感がある状態です。

　北京オリンピックの時はもう伸びしろがないのかと思ったんですけど、今は伸びしろいっぱい感じてます。

──改めてファンの人への言葉を。

　一言で言うのは難しいんですけど、応援してくださる方がいるから僕がここで話すことができて、スケートをさらに突き詰めていこうって思えています。自分が特別な存在とか、特別な力があるとかそんなことは全く思ってなくて。人一倍応援していただけるからこそ、僕はうまくなってるだけだってすごく思います。

僕の心の底からの今の気持ちは、どうかこれからも見てやってください、これからも見てやってくださいということです。ここで「ありがとうございました」じゃないというのは正直、自分が一番思っていて。全然終わらないので。引退でも何でもないので。ここからさらにうまくなるし、さらに見る価値があると思ってもらえるような演技をするために努力していくので。これからもどうか応援してやってください。

――今後の人生の最優先事項として三つ挙げるとしたら何でしょうか。

三つかあ、難しいなあ。そうですね……成功させられる努力をまずすること。それが自分にとって一番の優先事項ですかね。それは4回転半も含めてです。4回転半も成功させたいし、いろんな演技をしていくに当たって、過去の自分よりうまくなったって言ってもらえるような、理想としている演技ができるよう努力をしていきたい。

あと二つ。そうですね。難しいなあ。これはプロになったからとか、そういうのではないのかもしれませんけど、人間として美しくありたいと思ってます。明日の自分が今の自分を見たとして、「昨日の自分は頑張ったな」って思えるような自分を常に大切にしていきたいと思いますし、一生胸を張っていられる生き方をしていきたいと思います。

そして三つ目は、うーんと、難しいですね。そうですね、うーん、なんかあるかな。あっ、はい。勉強を怠らない、常に勉強し続けるということを三つ目に挙げたいと思います。

スポーツとしてのフィギュアスケートの競技からは抜けて、新たなステージに、一歩高いところに上がっていくと自分の中で位置付けているんですけど、これからもずっとずっと勉強していきたいなと思ってます。

最近ダンスをうまくなりたいなとか、氷上でうまく使えないかなと思って学んでいたりとか。あとは力学だったり、運動学だったり、人間工学だったり、またはパフォーマンスがどういうふうに見られるのかとか、そういったことも含めてこれからもどんどん勉強して、深い人間になっていきたい、深いフィギュアスケーターになっていきたい、常に勉強してアップデートし続けられる人間になりたいなって思ってます。

公式戦プログラム 曲目リスト※

	ショートプログラム	フリースケーティング
2004 - 2005	**「スパルタカス」** 作曲:アレックス・ノース 振付:都築章一郎	**「ロシアより愛を込めて」** 振付:都築章一郎
2005 - 2006	—	**「ロシアより愛を込めて」** 振付:都築章一郎
2006 - 2007	**「Amazonic」「死の舞踏」** 作曲:トンツィ・フーリッツィ、フランツ・リスト 振付:関徳武	**「Summer Storm」** 作曲:アントニオ・ビバルディ 編曲:川井郁子 振付:関徳武
2007 - 2008	**「Sing,Sing,Sing」** 作曲:ルイ・プリマ 振付:阿部奈々美	**「火の鳥」** 作曲:イーゴリ・ストラビンスキー 振付:阿部奈々美
2008 - 2009	**「ムーラン・ルージュ」** 作曲:スティーブ・シャープルズ 振付:阿部奈々美	**「パガニーニの主題による狂詩曲」** 作曲:セルゲイ・ラフマニノフ 振付:阿部奈々美
2009 - 2010	**「ミッション:インポッシブル2」** 作曲:ハンス・ジマー 振付:阿部奈々美	**「パガニーニの主題による狂詩曲」** 作曲:セルゲイ・ラフマニノフ 振付:阿部奈々美
2010 - 2011	**「ホワイト・レジェンド」** 作曲:ピョートル・チャイコフスキー 編曲:川井郁子 振付:阿部奈々美	**「ツィゴイネルワイゼン」** 作曲:パブロ・デ・サラサーテ 振付:阿部奈々美
2011 - 2012	**練習曲第12番 嬰ニ短調「悲愴」** 作曲:アレクサンドル・スクリャービン 編曲:トルガ・カシフ 振付:阿部奈々美、ナタリア・ベステミアノワ、イゴール・ボブリン	**「ロミオ+ジュリエット」** 作曲:クレイグ・アームストロング 振付:阿部奈々美、ナタリア・ベステミアノワ、イゴール・ボブリン
2012 - 2013	**「パリの散歩道」** 作曲:ゲイリー・ムーア、フィル・ライノット 振付:ジェフリー・バトル	**「ノートルダム・ド・パリ」** 作曲:リッカルド・コッチャンテ 振付:デビッド・ウィルソン

	ショートプログラム	フリースケーティング
2013 - 2014	**「パリの散歩道」** 作曲:ゲイリー・ムーア、フィル・ライノット 振付:ジェフリー・バトル	**「ロミオとジュリエット」** 作曲:ニーノ・ロータ 振付:デビッド・ウィルソン
2014 - 2015	**「バラード第1番」** 作曲:フレデリック・ショパン 振付:ジェフリー・バトル	**「オペラ座の怪人」** 作曲:アンドルー・ロイド・ウェバー 振付:シェイリーン・ボーン
2015 - 2016	**「バラード第1番」** 作曲:フレデリック・ショパン 振付:ジェフリー・バトル	**「SEIMEI」** 作曲:梅林茂 振付:シェイリーン・ボーン
2016 - 2017	**「Let's Go Crazy」** 作曲:プリンス 振付:ジェフリー・バトル	**「Hope&Legacy」** 作曲:久石譲 振付:シェイリーン・ボーン
2017 - 2018	**「バラード第1番」** 作曲:フレデリック・ショパン 振付:ジェフリー・バトル	**「SEIMEI」** 作曲:梅林茂 振付:シェイリーン・ボーン
2018 - 2019	**「秋によせて(Otonal)」** 作曲:ラウル・ディ・ブラシオ 振付:ジェフリー・バトル	**「Origin」** 作曲:エドウィン・マートン 振付:シェイリーン・ボーン
2019 - 2020	**「秋によせて(Otonal)」** 作曲:ラウル・ディ・ブラシオ 振付:ジェフリー・バトル	**「Origin」** 作曲:エドウィン・マートン 振付:シェイリーン・ボーン
	「バラード第1番」 作曲:フレデリック・ショパン 振付:ジェフリー・バトル	**「SEIMEI」** 作曲:梅林茂 振付:シェイリーン・ボーン
2020 - 2021	**「Let Me Entertain You」** 作曲:ロビー・ウィリアムズ 振付:ジェフリー・バトル	**「天と地と」** 作曲:冨田勲 振付:シェイリーン・ボーン
2021 - 2022	**「序奏とロンド・カプリチオーソ」** 作曲:カミーユ・サンサーンス 編曲:清塚信也 振付:ジェフリー・バトル、シェイリーン・ボーン	**「天と地と」** 作曲:冨田勲 振付:シェイリーン・ボーン

※作成:CCCメディアハウス

写真
時事通信フォト
中村康一（Image Works）
山田真実

テキスト
時事通信社

編集
大野真

編集補助
神田めぐみ

ブックデザイン
SANKAKUSHA

カバーデザイン
山下喜恵子（SANKAKUSHA）

校正
文字工房 燦光

協力
株式会社 team Sirius

羽生結弦

アマチュア時代 全記録

2022年11月7日　初版発行

編　者　　CCCメディアハウス
発行者　　菅沼 博道
発行所　　株式会社 CCCメディアハウス

〒141-8205　東京都品川区上大崎3丁目1番1号
電話 03-5436-5721（販売）
　　 03-5436-5735（編集）
http://books.cccmh.co.jp

印刷・製本　株式会社 新藤慶昌堂

ISBN 978-4-484-22223-3